7 SEGREDOS DE UM CASAMENTO ESPIRITUAL

7 SEGREDOS DE UM CASAMENTO ESPIRITUAL

A ALEGRIA DE UMA INTIMIDADE GUIADA PELO ESPÍRITO

1ª edição

DR. DAN E LINDA WILSON

Geográfica editora

Santo André, SP – 2018

1ª Edição – Novembro de 2018

PRINTED IN BRAZIL

Editor responsável
Marcos Simas

Supervisão editorial
Maria Fernanda Vigon

Tradução
Alzeli Simas

Preparação de texto
Roberto Barbosa

Revisão
João Rodrigues Ferreira
Carlos Buczynski
Nataniel Gomes
Angela Baptista

Diagramação
Pedro Simas

Capa
Rick Suecz

Para qualquer comentário ou dúvidas sobre este produto, escreva para
produtos@geograficaeditora.com.br

W746s Wilson, Dan
7 segredos de um casamento espiritual: a alegria de uma intimidade guiada pelo Espírito / Dan Wilson e Linda Wilson. Trad. por Alzeli Simas. – Santo André: Geográfica, 2018.

176p. ; 12x17cm.
ISBN 978-85-8064-227-8

1. Casamento. 2. Espírito. 3. I. Wilson, Linda. II. Simas, Alzeli. III. Título.

CDU 265.5

Catalogação na publicação: Leandro Augusto dos Santos Lima – CRB 10/1273

DEDICATÓRIA

Para Bob e Rachel Beaver,
Tony e Barb Huston
e Scott e Rissa Marlar.
Obrigado por nos inspirar com seus
casamentos espirituais!
Realmente amamos e honramos vocês!

QUEM RECOMENDA ESTE LIVRO

Dan e Linda Wilson conduzem os casais a uma nova proposta de união, que reflete a unidade que os crentes experimentarão por toda a eternidade com seu Noivo, Jesus. Permita que seu casamento seja transformado de maneira sobrenatural pelo Deus da aliança, por intermédio das páginas deste livro. Recomendo com grande entusiasmo o livro *7 segredos de um casamento espiritual.*

DR. CHÉ AHN
Pastor sênior da Igreja HROCK, Pasadena, CA
Presidente da Harvest International Ministry
Chanceler Internacional, Wagner Leadership Institute

Casamentos e famílias saudáveis são a espinha dorsal de uma nação próspera. Hoje, mais do que nunca, precisamos de relevantes e sólidos encorajamentos, além de instruções sobre como desfrutar de um casamento que pode ser como "o céu na terra". O livro de Dr. Dan e Linda Wilson, *7 segredos de um casamento espiritual*, irá renovar e capacitar sua fé, para que você possa se apoderar plenamente de tudo o que Deus tem para o seu casamento. Não importa por onde você tenha caminhado ou pelo que já tenha passado, existem "segredos" contidos neste livro que lhe permitirão experimentar novos começos.

PATRÍCIA KING
Cofundadora da XPmedia.com

Em *7 segredos de um casamento espiritual*, Dan e Linda Wilson escreveram princípios que restauram os elementos de admiração e encantamento nos relacionamentos. Os autores apresentam o perfil simples de um casamento centrado em Cristo, em que o amor e a honra são as virtudes supremas, e o poder sobrenatural de Deus flui entre o casal e o Pai continuamente. Recomendo efusivamente este livro, não apenas a cada casal já casado, mas também àqueles que estão se casando ou querem se casar!

JOAN HUNTER
Autor / Evangelista, Ministérios Joan Hunter

Dan e Linda Wilson tecem juntos, de forma brilhante, a história de seus encontros sobrenaturais com Deus e de como eles transformaram a vida e o casamento deles. Em *7 segredos de um casamento espiritual*, você entenderá como aconteceu o processo, quando Deus abriu o coração de Dan e Linda para receberem essa verdade, entenderá também as lições que ambos têm aprendido ao longo do caminho – particularmente a do senhorio – e como viver na presença de Deus trouxe grandes benefícios e bênçãos para o casamento deles. Esta é uma mensagem oportuna e necessária para o casamento daqueles que estão fazendo parte da igreja de Cristo nos dias de hoje. Mais uma vez, Deus escolhe tocar todas as pessoas do corpo de Cristo, usando os pequeninos, com sua presença e para sua glória. Dan e Linda certamente não são exceção.

RANDY CLARK
Fundador e presidente, Global Awakening

Os homens de Issacar de 1Crônicas 12.32 entenderam os tempos em que viviam e por isso sabiam o que fazer. Nos dias atuais, a base da sociedade está se deteriorando pelo fato de o inimigo investir pesado contra o casamento. O livro de Dan e Linda Wilson, *7 segredos de um casamento espiritual*, é oportuno porque inspira o leitor a procurar e encontrar uma melhor intimidade com o seu cônjuge, permitindo que o Espírito Santo possa atraí-los para a unidade completa nele.

DR. ROBERT STEARNS
Diretor executivo, Eagles' Wings Ministries,
Clarence, Nova York

7 segredos de um casamento espiritual é um tesouro. Nele, os autores nos convidam a sonhar grande, compartilhando as dicas para um casamento espetacular. Por meio de uma resposta à graça, da mesma forma que uma criança, esses segredos levam os leitores a novos níveis de intimidade e de realização. Eles não são teóricos. Cada segredo se manifesta vividamente no belo romance que Dan e Linda compartilham um com o outro no Senhor. Conhecendo o casal há mais de trinta anos, posso testemunhar que esses dois experimentam realmente um casamento espiritual, e por isso, brilham com a alegria e a paz de Jesus. Seria bom se conseguíssemos seguir esse exemplo!

PAUL LOONEY, psiquiatra e pastor
Diretor, Hidden Manna Ministries

Que bela história e testemunho de uma caminhada com Deus na vida a dois! Isso é o que Deus pretendia quando criou o casamento para o nosso bem. Como em tudo na vida, não podemos viver um casamento espiritual sem Deus em nosso relacionamento. Não fomos feitos para amar e viver fora de Deus e de sua maravilhosa graça. Num momento em que tantos casamentos estão na berlinda, este livro é realmente necessário por ser capaz de nos mostrar a verdade que torna possível um casamento realmente maravilhoso. Na verdade, um cordão de três dobras é o segredo de um casamento duradouro! Que o nosso Senhor reavive o santo casamento em nossas igrejas e lares.

PETER LORD
Pastor, palestrante e escritor

Muito antes dos autores colocarem suas ideias no papel, aqueles que os conhecem pessoalmente já viram resultados efetivos dos conceitos deste livro. O casamento deles tem sido santo, bonito e profundo por décadas. Como é incrível ver a transformação de um simples casamento em um casamento espiritual! O aumento da profundidade na unidade, na paixão, no poder e na alegria do Espírito Santo estão maravilhosamente presentes nestas páginas.

BOB BEAVER
Pastor, Igreja Cristã de San Angelo, Texas

Tive o privilégio de conhecer Dan e Linda Wilson há alguns anos. Dan é um cientista e cirurgião oftalmológico que procura sempre a precisão e o conhecimento fundado em pesquisas sólidas e tangíveis. É impressionante que, ao mesmo tempo, ele reconheça a necessidade do sobrenatural trabalho de Deus intervindo em nossa vida e em nossos relacionamentos. Ele e sua esposa Linda buscam o coração de Deus intensamente, o que se evidencia em *7 segredos de um casamento espiritual*. Recomendo este livro a todos que são casados e também aos que pretendem se casar. Acredito que este material, se aplicado corretamente, pode revolucionar casamentos em todo o mundo.

D. LELAND PARIS
Presidente da JOCUM – Jovens com uma Missão, Tyler, Texas
Fundador / CEO de Humanitarian Relief Organizations

Uau! Quando, em nossas igrejas, os chineses conheceram Dan e Linda, eles ficaram muito surpresos porque, apesar de já serem avós, pareciam recém-casados. Eles mostraram unidade em espírito, coração e mente, por causa da forma pela qual diariamente andavam testemunhando ser cristãos fiéis. Recomendo este livro para aqueles que querem ter a plenitude do casamento, resultado da decisão de ter Cristo como o centro.

MISS CHOY
Líder chinês de mais de 700 redes de igrejas domésticas regionais

Acreditamos que o casamento é honrado acima de tudo e que também é instituído pelo Todo-poderoso. Deus sempre deseja ver casais saudáveis, que constroem famílias unidas, vindo adorá-lo na igreja. Nós admiramos o Dr. Dan e Linda Wilson e lhes agradecemos por sua dedicação ao escreverem *7 segredos de um casamento espiritual*. Centenas de famílias desfeitas foram restauradas na Índia por meio de seus ensinamentos e livros. Podemos ousadamente dizer que a taxa de divórcio está reduzindo em nossa região da Índia apenas por causa desse casal. Eles são professores e autores reconhecidos aqui na Índia, por causa do seu trabalho e ministério. Somos gratos a eles por sua visão de um tipo de casamento verdadeiramente espiritual. Este é um dos melhores livros sobre casamento que conheço, escrito por um casal que pratica o que ensina. É um livro que encorajamos a todos que leiam e sejam abençoados. Como eles mesmo dizem, "Sagrado é sempre divertido".

PASTOR IMANIYEL E SIS NISSI JVOTHI VINNAKOTA
Presidente e vice-presidente da Missão Hope, Índia

Quando Dan e Linda chegaram ao Quênia em maio de 2008, durante o período em que ficaram em Mombasa, eles ensinaram maravilhosas lições sobre o casamento. Esses ensinamentos removeram paredes que o inimigo havia erguido contra nosso casamento e barreiras do inferno foram derrubadas. Era como se fôssemos os filhos de Israel durante o tempo de Gideão (Juízes 7.16-21). Esses ensinamentos transmitidos por Dan e Linda, para a glória de Deus, permitiram que nosso casamento fosse poderosamente restaurado.

BRYSON E NELLY NYONGESA
Líderes da Igreja, Quênia

SUMÁRIO

AGRADECIMENTOS

Somos eternamente gratos ao surpreendente e amoroso Deus. Ele nos abençoa em cada momento da vida. Nós somos dele!

Nosso coração está cheio de gratidão pela vida de todos os que permaneceram conosco em nosso casamento e também na redação deste livro. Rissa e nossa impressionante equipe de intercessão, não poderíamos ter feito isso sem vocês. Kris Vallotton, nós o honramos por sua forte postura em relação à pureza e sua dedicação a casamentos vibrantes. Obrigado por aceitar escrever o prefácio deste livro mesmo em meio a sua agenda lotada! Deus o abençoe, irmão.

Patricia King, você foi a primeira a abraçar o conceito de casamento espiritual. Obrigado por nos desafiar a sonhar grande! Carol Martinez, você nos levou passo a passo e tornou-se uma querida amiga durante este processo. Ryan Adair, obrigado por suas sugestões e graça. E David Sluka, você é fantástico! Obrigado por toda a sua torcida e encorajamento.

Paul Looney e Bob Beaver, homens piedosos que foram instrumentos em nossa formação espiritual. Obrigado por caminharem conosco!

É nossa oração sincera que os casamentos em todo o mundo sejam *espirituais*, brilhando a luz de Jesus e a alegria do Senhor para que todo o mundo possa ver. Ora, *ao Rei eterno, imortal, invisível, o único Deus, sejam honra e glória para todo o sempre. Amém* (1Timóteo 1.17).

Dan e Linda

PREFÁCIO

O novo livro de Dan e Linda Wilson, *7 segredos de um casamento espiritual*, vai despertá-lo para novas dimensões de paixão, compromisso e romance com seu cônjuge. Ele moldará o seu entendimento do que significa chegar a um acordo com o reino dos céus para o seu casamento. Este livro está cheio de discernimento e de sabedoria divinos que desafiará, inspirará e equipará a sua vida para mudar a maneira como você vê a intimidade.

Os autores exortam o leitor a caminhar em seus preceitos divinos como um agente de transformação do mundo e da história, por meio de um casamento espiritual. A obra *7 segredos de um casamento espiritual* é um mandato do Messias... uma estratégia divina para casamentos preenchidos com uma intimidade poderosa e uma comunhão contínua.

Imagine um mundo onde cada casamento é espiritual. Em que cada marido e mulher aceitam quem realmente são e estão vivendo sua identidade de uma maneira plena. Não haveria lares fracassados. Orfanatos seriam fechados. O coração dos filhos se voltariam para os pais. Não haveria vícios sexuais, nem desejo algum por pornografia. O divórcio não existiria. Os casamentos espirituais são um maravilhoso sinal de um mundo em avivamento. Se você é recém-casado, casado há anos ou está se preparando para um grande casamento, *7 segredos de um casamento espiritual* irá prepará-lo para realizar seus sonhos e poderá contribuir para mudar o futuro do seu casamento. Não importa como seja atualmente o seu casamento, este livro o levará para um nível mais elevado. Eu o recomendo!

KRIS VALLOTTON
Líder Sênior Associado na Bethel Church em Redding, Califórnia, e cofundador da Escola Bethel de Ministério Sobrenatural (BBSM).

TRAZENDO O CÉU PARA O SEU CASAMENTO

Toda Bela Adormecida quer que o homem de seus sonhos a beije, despertando-a para um casamento em que eles vivam felizes para sempre. O casamento espiritual não é um conto de fadas. Você pode conhecer os segredos para que possa desfrutar de uma maravilhosa experiência matrimonial com seu cônjuge.

Você fantasiava muito quando era criança? É provável que durante a infância você tenha sonhado como seria um dia a vida de casada – talvez até tenha fingido participar de algumas cerimônias de casamento em uma de suas brincadeiras com as amigas. Deus colocou esses pensamentos sobre o casamento em seu coração.

Durante seu tempo de noivado, é provável que você tenha experimentado o aumento progressivo de expectativa e entusiasmo sobre o casamento que estava cada vez mais próximo – vocês dois se unindo para se tornarem um. A sua esperança otimista sobre como o casamento poderia ser não foi em vão. Baseou-se, na realidade, no desejo de Deus para você e seu cônjuge.

Quer que o seu casamento seja *espiritual*? É claro que você quer. Todos esperam que sua relação de amor esteja acima e além da média da sociedade. Quem não gostaria de ter experiências satisfatórias e boas com o cônjuge no casamento?

Você queria e ainda quer que seu casamento seja como o céu na terra. Deus também. Esse tipo de casamento maravilhoso é uma realidade que está ao seu alcance. O casamento espiritual não é um conto de fadas, mas para alcançá-lo você deve estar disposta a entrar no reino sobrenatural de Deus.

Agora, vamos alcançar um nível ainda mais alto. Pense muito além do que você esperava, lá no passado mais distante. Então volte mais ainda no tempo. Permita que a sua mente possa considerar livremente as possibilidades de um casamento que está muito além do que você já pediu ou imaginou (Efésios 3.20). Sonhe em ter um casamento que possa ser descrito por estas palavras: *fenomenal, incrível, surpreendente*.

Esse é o tipo de relacionamento que você deseja profundamente em seu coração. É muito além da média, superando até mesmo o nível que descrevemos como muito elevado. No entanto, jamais será possível desfrutar dessa experiência espetacular no casamento, se o seu relacionamento estiver limitado apenas ao reino natural. Você e seu cônjuge foram criados para o mais elevado nível de um casamento disponível na terra: um casamento verdadeiramente espiritual.

Neste ponto, você pode estar perguntando: "O que se está querendo dizer exatamente com a palavra *espiritual*?" Ficamos felizes em poder responder a essa questão. Mas antes de chegarmos lá, vamos começar discutindo o significado da palavra oposta: *natural*.

O natural pode ser definido como externo, observável, a medida do universo que nos rodeia. Acredita-se que exista dentro das restrições de tempo. Estamos sempre conscientes do que é natural, facilitando a discussão e a compreensão. A verdade é que a realidade se estende muito além das coisas que percebemos no natural.

Algo que é espiritual não está em conformidade com o curso normal da natureza. Afasta-se do que é habitual e normal e muitas vezes é incapaz de ser explicado pela ciência ou pelas leis da natureza.

Na cultura ocidental é comum acreditarmos plenamente nas coisas observadas no reino natural, enquanto questionamos e excluímos todas as coisas espirituais. Mas, como filhos e filhas de Deus, a nossa participação no reino espiritual pode e deve ser a nossa experiência normal. Nosso Deus é um ser sobrenatural e nos relacionamos com ele em seu reino do Espírito. Só podemos receber seus dons e bênçãos espirituais no momento em que nosso casamento participa do seu reino. Embora não possamos compreender plenamente as coisas de Deus, é vital que cada um de nós confie no Senhor com todo o coração e não se incline apenas sobre o nosso próprio entendimento (ver Provérbios 3.5). Esse é um mistério emocionante e belo.

Lemos na Bíblia que a carne e o sangue não podem herdar o reino de Deus, nem o que é perecível herdar o que é imperecível (1Coríntios 15.50). Um dia, as coisas perecíveis do mundo natural não mais existirão. Mas o reino espiritual transcende o tempo e existirá para sempre. Esse é o verdadeiro campo de existência de nossa vida e de nosso casamento. Um casamento espiritual é profundamente enraizado na eternidade.

Nosso Deus é Espírito (João 4.24). Maridos e esposas também possuem espíritos. Nós adoramos a Deus e nos relacionamos com ele espiritualmente. O desejo do Pai é que o seu casamento seja espiritual, como consequência de uma vida devotada espiritualmente a Deus. Quando você abre o seu coração e sua mente para a realidade do reino de Deus, você obtém acesso a tudo o que é necessário para um casamento admirável, tais como:

- Intimidade com Deus
- Sabedoria
- Compreensão
- Conselho
- Poder
- Conhecimento
- Temor do Senhor
- Encontros celestiais
- Sonhos espirituais
- Fruto do Espírito

Quando o sobrenatural invade o reino natural, o resultado é sempre maravilhoso. O milagre da salvação espera por aqueles que estão perdidos. Os doentes têm a oportunidade de receber a cura. Do mesmo modo, os cônjuges podem ter a vida transformada pelo milagre do casamento espiritual. Sim, *seu* casamento pode ser elevado a novos níveis de intimidade, alegria e produtividade por meio de sua conexão com Deus e seu reino. Para o homem isso é certamente impossível, mas para Deus todas as coisas são possíveis (Mateus 19.26).

O tesouro do casamento espiritual

O casamento espiritual é o propósito de cada casamento estabelecido dentro do reino de Deus e um sublime alvo consistente com a glória do céu! Nenhum relacionamento conjugal é perfeito, contudo, frequentemente, muitos casais resolvem alcançar metas medíocres para o próprio casamento. Este livro estabelece o padrão extremamente elevado do casamento – não para desencorajar ninguém, mas para estimular a todos que persigam e alcancem as maravilhas disponíveis apenas para os casais que procuram viver pautados pelos valores e princípios do reino de Deus.

O casamento espiritual é preenchido com a presença, a paixão e o poder de Deus. A glória do Senhor está constantemente presente e disponível para aqueles que a procuram. Quando essa glória divina inunda a união de um homem e de uma mulher no casamento, o resultado é a transformação de cada um deles como indivíduos e, consequentemente, como um casal.

O plano de Deus para o casamento é incrível e ao mesmo tempo surpreendentemente bom! Quando são preenchidos com a presença gloriosa do Espírito de Deus, você e seu cônjuge recebem a capacitação para viverem, a partir de então, com sabedoria, compreensão e autoridade espiritual. Seu casamento e ministério rompem os limites do mundo natural, permitindo que vocês vivam coisas maravilhosas, que só são possíveis com a ajuda e o poder de Deus. Vocês dois se tornam instrumentos de transformação do mundo e agentes do reino de Deus entre os homens. E, é claro, uma vida assim, redunda em glória e louvor ao Rei dos reis e Senhor dos senhores.

E quanto a mim?

Ao ler este capítulo, você pode estar pensando: "Onde está o meu casamento espiritual? O que aconteceu com o 'felizes para sempre' com o qual tanto sonhei antes de me casar?" Você se sente enganada, e com razão! Você e seu cônjuge foram atacados por Satanás, ele próprio, o "ladrão" que vem roubar, matar e destruir (João 10.10). Satanás detesta casamentos espirituais e está sempre buscando sabotar as maravilhosas bênçãos que Deus planejou para que maridos e esposas desfrutassem.

A esperança será renovada pela segunda metade de João 10.10, onde Jesus promete a todos os crentes: "Eu vim para que todos tenham *vida*, e a tenham ao máximo" (tradução livre e ênfase adicionada). A palavra original, no grego da Bíblia, é *zoe* – traduzida para o português como "vida". *Zoe* significa "plenitude absoluta de vida". Se você é um crente, esta promessa é para sua vida. Deus quer que seu casamento seja absolutamente transbordante de abundância e que a sua vida seja plena de alegria. Você pode ser uma mulher plenamente viva!

Independentemente do seu passado, o amanhã começa como um dia totalmente novo. Deus não é limitado pelas decepções que você já sofreu. Os planos dele para a sua vida permanecem bons e suas promessas jamais falharão.

Para você se estimular, vamos olhar brevemente para a situação dos israelitas quando ficaram encurralados entre o exército egípcio e o mar Vermelho (Êxodo 13 e 14). Como acontece em seu casamento, Satanás também tentava destruir o propósito de Deus para a vida daquele povo.

Os filhos de Israel enfrentaram muitos desafios no passado. Suas lembranças dolorosas foram baseadas em experiências reais: escravidão, opressão e frequentes abusos. Quando eles chegaram às margens do mar Vermelho, perceberam que sua rota de fuga do Egito havia sido bloqueada. Milhares de carros e soldados estavam se aproximando por trás deles. Cada israelita, do mais velho ao mais novo, podia ver e ouvir o exército do faraó se aproximando. Eles estavam presos. Humanamente falando, não havia maneira de escapar.

Mas o Deus de Israel não é limitado como o homem. O milagre superou qualquer expectativa daquele povo quando o poder de Deus abriu um caminho no meio das águas para eles passarem. A glória de Deus os levou por um caminho seco no meio do mar em direção ao local que ele havia prometido ao seu povo.

O Deus de Israel é também o nosso Deus. Ele não é menos poderoso nos dias de hoje. E está disposto a abençoá-la muito além das suas expectativas. Você está pronta para ser levada para a terra prometida do seu casamento espiritual?

Você é uma filha de Deus e o amor dele por você não é menor do que o amor que ele tinha pelo povo de Israel.

Os planos dele para a sua vida são sempre perfeitos. Suas promessas permanecem infalíveis. Você pode confiar ao seu Pai celestial todas as áreas da sua vida, inclusive o seu casamento.

A glória de Deus fazia com que uma nuvem cobrisse e protegesse os israelitas do calor diurno no deserto e uma coluna de fogo os aquecesse e os iluminasse durante o terrível frio das noites escuras. Você é guiada e protegida por essa mesma glória. O Espírito de Deus habita no marido e na esposa que vivem, amam e servem juntos. Não há limitações no sobrenatural reino de Deus.

Tendo Cristo como o centro de seu casamento, os cônjuges serão unidos para sempre como um. A intimidade entre marido e esposa aumentará e será fortalecida à medida que a intimidade com Deus também crescer e se aprofundar. Seu casamento será transformado para ser totalmente agradável ao Senhor. E cada um de vocês ficará satisfeito e com o coração cheio de gratidão.

Como será isso?

Neste ponto, você pode estar dizendo a si mesma: "Isso tudo soa muito bem na teoria, mas como é, na prática, esse tipo de casamento?" Teremos enorme alegria em responder a essa pergunta.

Amem juntos: A maneira como um verdadeiro cristão trata seu cônjuge demonstra claramente o verdadeiro amor *ágape*. Este não é um ato isolado. Amar um ao outro se torna tão natural quanto respirar. A Bíblia declara que "Deus é amor" (1João 4.8). Seu amor transformador flui continuamente dentro deles pelo Espírito Santo e é alegremente compartilhado entre eles. O amor se torna algo constante e relevante em sua relação.

Adorem juntos: Maridos e esposas crentes colocam sempre como prioridade o investimento de tempo juntos em adoração. É importante adorar a Deus regularmente no ambiente da igreja. Mas algumas de nossas memórias mais especiais são de quando escolhemos cantar e louvar o Senhor na privacidade de nossa própria casa – proclamando a glória daquele que nos fez uma só carne. Acreditamos que isso alegra o coração do nosso Deus. Você já experimentou fazer isso? Achamos que você vai gostar muito!

Orem juntos. A oração é o meio pelo qual desfrutamos da intimidade com Deus. Casais espirituais se unem para ouvir a voz do Pai celestial e compartilhar com ele os seus pensamentos e anseios mais íntimos. Não é sem razão que o amor e a intimidade conjugal crescem mais e mais quando, juntos, o casal procura estar mais perto de Deus por meio da oração. Isso se torna um momento maravilhoso, que incentiva a verdadeira vulnerabilidade diante de Deus e um do outro.

Ministrem juntos. Maridos e esposas que caminham com Deus são capacitados pelo Espírito Santo. Assim como Jesus, eles também são ungidos para pregar boas-novas aos pobres, proclamar a liberdade aos prisioneiros e trazer a recuperação da visão aos cegos, para libertar os oprimidos e proclamar o ano da graça do Senhor (Lucas 4.18-19). Ministrando juntos, o casal descobre que dois realmente são melhores do que um. Essa é a terceira vertente do Espírito Santo que completa o casal (Eclesiastes 4.9-12).

Sonhem juntos. Dizem que uma imagem vale mais do que mil palavras. O valor do sonho mais simples em Deus é algo sem medida. Quando oramos juntos todas as noites antes de dormir, pedimos sonhos do céu que nos ajudem a compreender os pensamentos e os planos de nosso Pai. Cônjuges espirituais compartilham seus sonhos um com o outro. Eles trabalham juntos para aplicar cada mensagem de Deus ao seu serviço no reino. Conforme lemos a Bíblia, os sonhos podem ser poderosamente eficazes quando compreendidos e usados da forma correta.

Leiam juntos. Até mesmo alguns versículos das Escrituras sendo lidos em conjunto podem promover maior vínculo entre o casal. A esposa pode notar algo especial que seu marido tenha deixado de perceber e vice-versa. Discutir os pensamentos ajudará a fixá-los na mente e no coração do casal. Em nossa família, gostamos de ler juntos na hora de dormir. Você pode preferir esse momento em seu café da manhã. O mais importante é fazê-lo.

Esperem juntos. O casamento não está imune a desafios. Jesus nos adverte: "Neste mundo vocês terão aflições" (João 16.33). Às vezes, podemos ficar desanimados. Maridos e esposas podem se apegar com segurança à promessa da segunda parte deste famoso versículo quando Jesus proclama: "Tenham ânimo! Eu venci o mundo."

Casais espirituais se encorajam mutuamente e se apegam à verdadeira esperança. Eles têm expectativas, mesmo sabendo que cada obstáculo em sua vida será superado. A fonte dessa esperança não está em nenhum deles, nem na relação que possuem, mas no Deus que se juntou a eles. Somos lembrados pela Bíblia de que "A esperança não nos decepciona, porque Deus derramou seu amor em nossos corações, por meio do Espírito Santo que ele nos concedeu" (Romanos 5.5). Quando nós, pelo Espírito, recebemos o perfeito amor do Pai, a esperança se torna uma realidade presente que nunca pode ser tirada.

A chave para os Sete Segredos

Somos sonhadores que valorizam as vezes em que Deus nos fala durante a noite. Dan recebeu dois sonhos que nos indicaram o tipo de ministério que hoje fazemos e nos ajudaram a explicar aos outros o que vem a ser um casamento espiritual.

No primeiro sonho, a mão de Deus colocou uma chave especial na mão de Dan, a chave perfeita para abrir uma arca do tesouro. No segundo sonho, Dan se via participando de uma brincadeira de criança, estimulada pelo próprio Deus. O segundo sonho nos deu mais compreensão do primeiro. Combinando a interpretação dos dois, chegamos à seguinte conclusão: *Ser como criança é a chave para o tesouro do casamento espiritual.*

Por que Deus quer que sejamos como crianças?

Em um mundo ideal, a infância é maravilhosa! A descrição do trabalho de uma criança é simplesmente "brincar". Sua responsabilidade é simples: obedecer à mamãe e ao papai. A comida está sempre preparada para quando ela quiser. As roupas são gratuitamente fornecidas a ela. Ela é levada a todos os lugares a que precisa ir. Tudo de que crianças precisam e até mesmo a maioria do que elas desejam, está lá, à disposição delas. A segurança também é garantida. Elas são encorajadas a sonhar.

Maravilha e admiração acompanham a criança em todos os lugares em que ela vai. Ela é inocente, pura, ingênua para as coisas do mundo. É livre para expressar emoção e se apaixonar por tudo. É compassiva e também rápida para perdoar. Adora rir. Quem não gostaria de voltar a essa felicidade infantil?

Jesus disse: "Digo a verdade: Quem não receber o Reino de Deus como uma criança, nunca entrará nele" (Lucas 18.17). Deus quer que lhe respondamos da mesma maneira que as crianças descritas aqui. Ele quer nos nutrir, prover e guiar. Uau! A responsabilidade está fora dos nossos ombros! Seu jugo, disse Jesus, é suave (ver Mateus 11.30).

O reino de Deus está cheio de maravilha e admiração. Sendo sua filha amada, você começa a sentir prazer com isso! Esse reino é cheio de uma paz que não está disponível no reino deste mundo. Deus deseja que seu casamento não seja menos importante do que o restante de sua jornada com ele. Mas para entrar no reino, você deve estar disposta a receber o que Deus tem planejado para a sua vida, como se você fosse sua pequena filhinha. Você está preparada para isso?

Aqueles que são mais velhos muitas vezes olham de forma altiva em relação às crianças por causa da ingenuidade delas. Certamente há uma desvantagem em ser influenciado por outros em demasia. Mas um bom atributo daqueles que são ingênuos é que eles são maleáveis. Deus fica satisfeito quando somos crianças o suficiente para perceber que ainda há muito o que aprender.

As crianças gostam de dar e receber amor. *Abba* é uma palavra grega que, na Bíblia, é usada para se referir ao nosso Pai que está no céu (Romanos 8.15). O equivalente em português para essa palavra informal seria "papai". Ele é o nosso papai maravilhoso que nos ama e quer cuidar de nós todos os dias. Não há nada a temer que venha de seu perfeito amor. Como filhos e filhas, podemos confiar absolutamente em nosso *Abba*.

Há muito a aprender com a vida simples de uma criança. O plano é o mesmo todos os dias. Ouvir o papai e fazer o que ele pede. Ele nos conhece desde muito antes de nascermos (Jeremias 1.5). Papai sabe o que é melhor. Como Jesus fez, a nossa reação ideal deve ser a de escutá-lo, por intermédio do Espírito, e imediatamente obedecer-lhe.

E lembre-se da descrição do trabalho de uma criança: brincar. O que poderia ser mais divertido do que brincar como uma criança segura sob o abrigo das asas do nosso *Abba*? Podemos nos divertir e ter prazer no casamento a cada dia, aproveitando a vida abundante que ele prometeu! A infância é a chave que abre o cofre do tesouro. Em seu interior, você vai descobrir o seu tesouro: os *7 segredos de um casamento espiritual*. Nos capítulos seguintes, você terá acesso a cada um deles.

Sugestões de 7 segredos

Como missionários, viajamos por várias nações pregando e ensinando sobre casamento. Enquanto estamos em viagens de ministério, tentamos manter nossos olhos abertos para toda sorte de situações que podem nos colocar em alegria ou risco. Andar em santidade é divertido! Na Mongólia, tivemos momentos inesquecíveis quando fomos com um casal de pastores e seus filhos a um parque de diversões. Que divertido foi subir em uma roda gigante em Ulaanbaatar! E vamos compartilhar um pequeno segredo nosso com você. Tornamos prioridade *nos divertimos* em todos os países que visitamos.

Pense em uma atividade infantil que você e seu cônjuge poderiam gostar de realizar juntos – algo que não seja caro, mas que seja divertido e alegre. Adquira o hábito de fazer isso! Esteja sempre em busca de oportunidades para brincar.

SEGREDO 1: SENHORIO

Para entrar no surpreendente reino do casamento espiritual, devemos experimentar uma mudança de paradigma: Jesus não é apenas o Salvador, ele é também o Senhor. Aceitar essa realidade é o primeiro e fundamental passo para desfrutar da experiência de amor que todos nós desejamos e necessitamos.

Você se surpreende ao saber que o primeiro segredo para um casamento espiritual é o senhorio? Essa é aquela palavra que muitos não querem considerar, muito menos agir. Soa apenas como trabalho penoso. Mas, acredite, o senhorio não é uma prisão que serve apenas para restringir a sua vida. É um segredo que lhe permitirá desfrutar de uma liberdade, para além do que você jamais imaginou.

Sendo bem honestos, ficamos apreensivos ao pensar em tratar esse tema do senhorio logo no início do livro. Só depois de orarmos por semanas, é que Deus nos revelou que esse deveria ser o primeiro e fundamental passo para os outros seis segredos do casamento espiritual.

Assim como é verdade para todos os outros segredos, temos acesso à compreensão do segredo do senhorio, usando primeiramente a inocência, a pureza e a confiança, como de uma criança.

Lembra-se dos dias da infância, quando nas férias de verão você tinha total liberdade de horários, sem ter compromisso com a escola, nem dever de casa para fazer? Era um período cheio da mais deliciosa falta de responsabilidade. Durante as férias você podia brincar com amigos, correndo e rindo, enquanto as horas passavam sem serem notadas. Ah, se esse tempo pudesse voltar!

Na vida adulta, você já sente prazer quando há uma folga nas pressões das demandas diárias, nas noites românticas e nas curtas, porém aguardadas, férias do trabalho. Esses períodos são apreciados por nós, mas duram pouco. No final da noite, você se encontra na cama sem conseguir dormir, desejando que alguém possa tomar todas as grandes decisões em seu lugar. Não seria ótimo deixar de ser o responsável novamente?

Reconhecer que Deus está no controle nos ajuda a colocar as responsabilidades em seus devidos lugares. Seu Deus, que é seu amado Pai, *é* o responsável, você pode confiar inteiramente nele. O seu papel é o de permitir que Abba possa tomar todas as decisões. Basta fazer o que ele pede. Seus planos são sempre perfeitos.

Com Jesus como Senhor de sua vida, você será levada até a gloriosa liberdade dos filhos de Deus (Romanos 8.21). Quando ele também é o Senhor de seu cônjuge, seu relacionamento tende a crescer de uma maneira que você jamais poderia imaginar. Um casamento empenhado em satisfazer a vontade de Deus será abençoado além da conta. Esse é o legado do senhorio.

O ABC do senhorio

Vamos pensar sobre senhorio usando a analogia simples do abecedário. Jesus andou na terra totalmente na zona Z do senhorio. Ao longo da sua vida de obediência, ele alegremente obedeceu e cumpriu todas as coisas que o Pai lhe pediu que fizesse. Com Cristo em nós, também podemos cumprir a nossa parte do plano glorioso de Deus (Colossenses 1.27).

Inicialmente, como seus filhos amados, começamos a caminhar no senhorio na fase inicial de "A, B, C". Quando começamos a nos sentir confortáveis com isso, ele tem a audácia de trabalhar mais fundo em nossa vida! Portanto, ao aprender a ouvi-lo mais atentamente, descobrimos que se torna mais fácil obedecer. Logo Deus vê que estamos seguros em "D, E e F" e nos leva adiante mais uma vez. Quando o nosso compromisso com seu senhorio é real, Deus tem o prazer de nos levar a níveis cada vez mais elevados.

Surpreendentemente, as exigências cada vez maiores de senhorio se tornam mais desejáveis a cada novo passo! Conforme o nosso coração bate mais e mais em sincronia com o céu, descobrimos que os caminhos de Deus são realmente melhores do que os nossos. É prazeroso ter aliança com ele. Às vezes a gente se contorce, principalmente quando a nossa vontade quer estar no comando. Mas quando dizemos sim a Deus, é sempre para o nosso bem. Ele sabe exatamente o quanto podemos aguentar. O Espírito Santo se achega *a* nós para nos abençoar e nos fazer crescer.

Para dar um exemplo do que essa viagem em direção ao senhorio de Cristo parece, Dr. Dan irá compartilhar parte de sua história.

A história de Dan

Toda a minha vida me senti intensamente atraído pelo casamento, mesmo quando eu ainda era uma criança pequena. Deus colocou esse desejo pelo casamento em mim para seus propósitos, e para que isso fosse usado para a sua glória. Por anos não compreendi nem mesmo se lidava corretamente com esse anseio e buscava satisfazer essa intenção por intermédio das minhas próprias percepções e habilidades. Pecados como egoísmo, teimosia e ansiedade eram comuns na minha vida.

Apesar de minhas falhas, Deus não abandonou seu plano especial para o meu casamento. Meu Pai me ama e ama o casamento com todo o coração. No entanto, ele não satisfez esse desejo profundo que habitava em mim, até que eu tivesse aceitado o senhorio de Jesus Cristo sobre a minha vida.

Deus disse por meio do profeta Isaías, milhares de anos atrás: "Darei a você os tesouros das trevas, riquezas armazenadas em locais secretos, para que você saiba que eu sou o SENHOR, o Deus de Israel, que o convoca pelo nome" (45.3). Desconhecido para mim naquela época, o desejo de um casamento espetacular foi colocado em meu ser para me chamar a ter um casamento espiritual. Esse tesouro estava escondido em um lugar secreto. Deus queria que isso fosse descoberto e me apresentou aquela que acabou se tornando a minha esposa. Mas o casamento que eu queria jamais seria alcançado meramente de modo humano. O tesouro do casamento espiritual estava escondido na escuridão, até que se tornou visível com a luz gloriosa do Reino de Deus.

Quando eu tinha onze anos, um excelente conselheiro do acampamento em que eu estava participando me perguntou se eu estava pronto para aceitar Jesus como meu Senhor e Salvador. E eu disse "Sim!", mas não tinha ideia do que o senhorio de Cristo realmente significava. Eu apenas supunha que, com um pouco de esforço, o senhorio aconteceria depois da salvação. Para minha surpresa, isso não aconteceu. Meu plano passou a ser tornar Jesus 95% Senhor e trabalhar gradualmente no restante remanescente, conforme fosse possível, ao longo do tempo.

Tolamente permiti que anos se passassem, inclusive ao longo do ensino médio, e a maior parte do período da faculdade de medicina, antes de estar disposto a fazer um compromisso de total entrega a Jesus. Hoje, compreendo aquele tempo da minha vida como "os anos de colheitas que os gafanhotos destruíram" (Joel 2.25). Eu sabia que Jesus não era Senhor de certas áreas da minha vida, mas teimosamente evitava submissão a ele nessas áreas. Isso foi semelhante ao que Juan Carlos Ortiz diz que muitas vezes cantamos com as nossas vozes o hino "Ele é o Senhor", enquanto sussurramos em nossa mente: "Mas eu sou o primeiro-ministro." Minha autossatisfação e aceitação de uma obediência parcial, gerou muita dor e sofrimento, tanto a mim mesmo quanto aos outros. O inimigo havia me enganado para que eu me contentasse apenas com uma pequena parte da glória de Deus, mesmo diante do fato de que ele havia colocado essa glória totalmente disponível a seus filhos. Por um tempo, permiti que interesses egoístas e prazeres humanos tivessem a prioridade sobre os planos divinos e as ordens do Deus que criou todas as coisas.

Eu via a santidade como um fardo colocado sobre nós por um Deus que espera demais de nós. Tentei com minhas próprias forças honrar a Deus de muitas maneiras, mas inevitavelmente era levado a pecar por ser egoísta, impuro e resistente às mudanças que ele julgava serem necessárias para a minha vida. O problema básico subjacente à minha desobediência foi que o meu amor por Deus era muito fraco. Eu não estava nem perto de compreender seu lindo e sobrenatural amor por mim.

No último ano da faculdade de medicina, os mais prementes objetivos eram me tornar médico e encontrar uma esposa piedosa. Ambos os objetivos eram bons em si mesmos, mas o problema estava na maneira como eu os perseguia. Minha vida estava desequilibrada. Investi tanto tempo e esforço tentando encontrar uma mulher para amar, que quase não dei a minha atenção para construir uma relação de amor com Deus, a eterna fonte de todo o amor verdadeiro. Enquanto me esforçava por mim mesmo na tentativa de encontrar satisfação, meus relacionamentos mais importantes se desintegravam ao meu redor.

Exteriormente, minha vida parecia ser uma história de sucesso gloriosa, mas por dentro era óbvio que eu estava indo em direção ao fracasso completo. E sabia que a glória do Senhor não estava em mim. Eu estava falhando em relação ao objetivo que Deus colocou diante de mim. Minha aceitação incompleta do senhorio de Jesus havia me arrastado para baixo durante anos, mas Deus estava preparado para me mudar para sempre, em um momento.

Numa tarde, caí em prantos diante de Deus em completo desespero. Com sinceridade, declarei que era incapaz de estar no comando da minha vida. Entreguei voluntariamente o controle de minha vida a Jesus e clamei para que ele fosse, a partir de então, o Senhor de tudo. Realmente não tinha ideia do que isso significava ou como isso seria no dia a dia da minha vida. Como tudo isso iria funcionar? O que exatamente acontece quando Jesus é o Senhor da vida de alguém? Não sabia o que esperar do futuro. O importante era que, pela primeira vez, eu confiava em Deus para me levar a esse futuro. E ele então começou a me ensinar a como viver e amar.

Duas semanas mais tarde, minha longa luta para encontrar a mulher com quem eu deveria me casar, surpreendentemente, terminou na biblioteca da escola de medicina. Fui de propósito à biblioteca, aparentemente procurando uma revista acerca de um evento que aconteceria em breve na cidade de Houston, mas de fato esperando que pudesse conhecer e tentar convencer alguém a ir a um encontro comigo. Sem saber, eu estava em uma missão ordenada por Deus, desconhecendo, até então, o sucesso que essa missão teria.

De repente, e inesperadamente, a minha busca por uma esposa piedosa havia chegado ao fim. Creio que foi Deus quem me levou ao departamento de audiovisual, um lugar bastante estranho para se procurar uma revista. A mulher que trabalhava no balcão tinha um sorriso amável, um brilho nos olhos e uma luz sobre ela que deixava claro que era uma filha do Rei. Eu podia sentir a glória do Senhor em Linda, gostei do que vi! Deus nos tornou imediatamente conscientes de que algo havia acontecido. Aquele foi o mais feliz momento da minha vida em meus 25 anos de idade.

Assim como aconteceu na minha decisão de declarar Jesus como Senhor, Deus havia ordenado algo de profundo significado que aconteceria em um breve momento da minha vida. Na perspectiva humana, o nosso encontro parecia aleatório e não planejado, mas hoje tenho certeza de que o Espírito Santo coordenou todo o evento. Foi um plano imprevisível de Deus, mas perfeito, promulgado em um breve momento, que nos uniu para nos tornarmos um.

Deus coloca dentro de cada um de nós o desejo, ao longo da vida, para dar e receber amor. Seu plano é que iríamos receber o seu amor perfeito, retornar esse amor a ele e compartilhá-lo com todos aqueles que encontrarmos. Isso é precisamente o que fazemos no casamento espiritual. Deus derrama continuamente o seu amor no coração do marido e da esposa pelo Espírito Santo. Quase sem esforço, eles compartilham esse amor um com o outro, enquanto dividem a vida no dia a dia. O amor de Deus muda os dois e fortalece seu casamento. Então, com alegria, eles devolvem isso a ele por meio do louvor.

Seu precioso amor fluindo através de nós, altera drasticamente o modo como pensamos e agimos. E, literalmente, transforma-nos, mudando o que somos e quem nos tornaremos. Essa forma pura e eficaz de amor não pode ser produzida pelo esforço humano. Não pode ser produzida dentro de nossa própria mente nem de nosso coração. Esse santo amor só pode ser recebido como um dom de Deus, que sobrenaturalmente o coloca em nosso coração.

Senhorio: completa obediência motivada pelo amor

O dom sobrenatural de amor que recebemos de Deus tem duas finalidades principais. A primeira é que ele nos permite amar plena e livremente um ao outro. Quando amamos os outros, ele completa o seu amor em nós. Que grande oportunidade nos é dada para participar deste belo e eterno círculo de amor!

Como parceiros no casamento que recebem o amor de Deus, temos o poder de amar um ao outro profundamente e de forma consistente. O objetivo dessa relação de amor é muito maior do que o casamento em si. Seu destino final é completar o círculo, que começa e termina dentro do amor eterno de Deus. João escreve: "Ninguém jamais viu a Deus; se amarmos uns aos outros, Deus permanece em nós, e o seu amor está aperfeiçoado em nós" (1João 4.12). Uma das maneiras como o amor de Deus é revelado na terra hoje em dia, é por intermédio de maridos e esposas submissos ao senhorio de Cristo, que permitem que o seu amor se expresse por meio do casamento. Mesmo que ninguém jamais tenha visto a Deus, as pessoas poderão vê-lo, em um certo sentido, por meio de seu amor manifestado em nós.

O segundo propósito do dom do amor perfeito de Deus, é tornar a verdadeira obediência possível. Jesus disse: "Se alguém me ama, obedecerá à minha palavra. Meu Pai o amará, nós viremos a ele e faremos morada nele" (João 14.23). A obediência é a resposta devida ao amor de Deus por nós. Os planos de Deus para a nossa vida são surpreendentemente bons, e ele quer nos fazer avançar, provendo esperança e futuro (Jeremias 29.11). Seu objetivo é que experimentemos alegria e profunda satisfação em nossos relacionamentos com os outros, em particular no casamento. No entanto, o destino planejado por Deus para o casamento não será realizado até que o seu perfeito amor habite dentro de cada cônjuge, permitindo não só que amem verdadeiramente um ao outro, mas também que andem em autêntica obediência.

Por meio da nossa obediência, o eterno e autossuficiente fluxo do amor de Deus pode ser visto pelas outras pessoas. Recebemos seu presente perfeito de amor isso nos leva a aceitá-lo e a lhe responder como Senhor. Nossa maior alegria torna-se obedecer a Deus, porque desejamos agradar-lhe em tudo o que fazemos. Ele se torna o nosso amigo mais querido, que restaura a nossa alma e nos guia "nas veredas da justiça por amor do seu nome" (Salmos 23.3).

Com uma alegria obediente, permanecemos em seu amor, porque o seu amor é completo. "Mas, se alguém obedece à sua palavra, nele verdadeiramente o amor de Deus está aperfeiçoado" (1João 2.5). Esse ciclo de amor e obediência tem um começo, mas não um final. *O desejo de Deus é que nos mantenhamos tanto no amor quanto obedientes ao Senhor para sempre.*

"Deus é amor" (1João 4.8), e ele é cheio de glória (Habacuque 3.3). Quando recebemos o santo amor do Senhor, somos transformados para nos tornarmos mais semelhantes a ele, o que nos capacita a amar sem limites e a obedecer sem hesitação. Ao refletirmos a glória do Senhor, sua glória é para sempre aumentada. Que alegria poder participar desse ciclo eterno de amor e obediência! Paulo escreve: "E todos nós, que com a face descoberta contemplamos a glória do Senhor, segundo a sua imagem estamos sendo transformados com glória cada vez maior, a qual vem do Senhor, que é o Espírito" (2Coríntios 3.18).

A verdadeira obediência parece longe e inalcançável quando pensamos sobre isso apenas com a nossa mente natural. Mas, quando olhamos nos olhos do nosso Pai amoroso, obedecendo a todos os seus desejos, tudo isso se torna normal, instintivo e desejado. Lembre-se, Jesus diz que o seu jugo é suave. Uma relação de amor íntimo com o Pai por meio de Jesus é o que torna o fardo da obediência mais leve. Mas podemos não receber plenamente o amor de Deus, individualmente ou no nosso casamento, até que tomemos a decisão de prosseguir em completa obediência, tornando Jesus *verdadeiramente* o Senhor de nossa vida.

Esse foi o tropeço que dei de minha adolescência até os vinte e poucos anos: sabia que Deus desejava que eu seguisse totalmente os seus caminhos, mas deliberadamente prossegui pelo caminho da obediência incompleta. A paciência de Deus permite a nossa imperfeição, mas a sua justiça requer mudanças naqueles que são conscientemente desobedientes. Podemos descrever a nossa rebelião como desobediência ou admitir que às vezes "escorregamos" ou sucumbimos a uma ocasional indiscrição. Esses eufemismos podem até apaziguar a nossa consciência, mas eles não fazem nada para limitar os efeitos destrutivos do pecado voluntário em nossa vida e em nosso casamento.

Senhorio: o caminho para a intimidade

Isaías profetizou a respeito de Jesus: "O Espírito do SENHOR repousará sobre ele, o Espírito que dá sabedoria e entendimento, o Espírito que traz conselho e poder, o Espírito que dá conhecimento e temor do SENHOR" (Isaías 11.2). Nessa passagem, o Espírito de conhecimento está ligado ao temor do Senhor. O Espírito de conhecimento permitiu a Jesus, e da mesma forma ocorre conosco, conhecer intimamente a Deus. O conhecimento de Deus nos leva a amá-lo.

Quando recebemos o temor do Senhor, Deus deposita em nossa vida o desejo insaciável de lhe responder com total obediência. Esse tipo de conhecimento profundo de Deus é essencial, se estamos buscando desenvolver uma rica intimidade em nosso casamento. Por meio desse relacionamento, Deus nos comunica o seu perfeito amor, levando-nos à obediência e transformando-nos em cônjuges maduros e nos pais que ele espera que sejamos.

Conhecer a Deus é amá-lo. O que há para não amarmos em nosso Deus? *Abba* é o pai perfeito. Ele é doce. Ele é terno. Ele é gentil. Ele é paciente. Ele ama você! E ele ama o seu cônjuge. Esse amoroso Deus quer um casamento que supere as suas expectativas! É uma alegria poder servi-lo para sempre.

Será que, quando criança, o seu pai tentou persuadi-la a pular em uma piscina com ele? Isso exigiu muita coragem e confiança completa nele. Mas, depois do salto inicial, você quis fazer de novo e de novo, certo? De certa forma, "pular" no amor sobrenatural de Deus é a mesma coisa. Você sabe que ele é digno de confiança. Depois de se esforçar até ter a coragem de saltar, vai querer fazê-lo novamente, e possivelmente várias outras vezes. A vida na piscina com Deus é simplesmente maravilhosa! Ele vai pegá-la o tempo todo. Quando você permitir que ele seja o Senhor de sua vida, verá que essa é a vida mais segura e mais maravilhosa que você poderia ter.

Ser como uma criança é a disposição de permitir que outra pessoa possa tomar as decisões. Deixe Deus assumir o controle do seu coração, de sua mente e de sua vontade. Dê-lhe suas emoções e sua imaginação. Qualquer coisa que você tentar reter aumentará a sua responsabilidade. Confie em Deus para controlar cada parte de sua vida e de seu casamento. Você encontrará descanso quando ele for o seu Senhor (Jeremias 6.16).

Começamos nossa conversa sobre o senhorio usando a simples analogia do abecedário. Nós todos queremos estar perto do final do alfabeto já no dia seguinte, depois de proclamar que Jesus é o Senhor. A verdade é que é necessário tempo e transformação para o nosso nível de obediência ser coerente com a declaração que fizemos. Se o seu comprometimento é real, não desanime quando suas ações mostrarem que você ainda não chegou a Z. Deus conhece o seu coração. Aquele que começou uma boa obra em você vai continuar até a conclusão (Filipenses 1.6).

Em última análise, aceitar o senhorio de Cristo é uma decisão individual e não pode ser feita por um casal. Mas não há nada que abençoe seu casamento mais do que esse compromisso com Deus. Quando você e seu cônjuge, juntos, assumirem esse compromisso, cuidado! Prepare-se para experimentar coisas incríveis e surpreendentes, tendo Jesus como Senhor.

Casamento espiritual nas nações

Senhorio. Muitas vezes ouvimos sobre casais em que um dos cônjuges é um cristão comprometido e maduro, mas o outro não é. Esse foi o caso dos nossos grandes amigos bispo Sansão e Maria Merlin, ambos da Índia. Maria Merlin era uma crente dedicada a Jesus. Ela compreendia totalmente o senhorio de Cristo e, por essa razão, era completamente comprometida com Jesus como seu Senhor. Muitas noites Sansão despertava e descobria que ela não estava na cama, porque estava ajoelhada em oração. Isso o enfureceu a ponto de ele a repreender, ameaçar e, em certo momento, até mesmo bater nela. Cada vez que ela sorria para ele, no meio de sua dor, dizia: "Jesus te ama."

Um dia, no trabalho, Sansão sofreu um acidente terrível. Um grande tanque de pressão explodiu, matando um homem e fazendo com que Sansão tivesse que parar no hospital com ferimentos graves. Os médicos tinham certeza de que seria necessário amputar uma de suas pernas. Um visitante desconhecido passou pelo seu quarto e deixou um livro na mesa de cabeceira. Naquela noite, Sansão estava com uma dor terrível. Mesmo com medicamentos para atenuar a dor e um comprimido para dormir, ele continuava acordado em sofrimento. A enfermeira sugeriu, então, que ele tentasse ler.

O único livro disponível era o que estava na cabeceira do seu leito: a Bíblia. Sansão abriu o livro e começou a ler exatamente onde estava aberto. Estas palavras pareciam saltar da página: "Bem-aventurados os puros de coração, pois verão a Deus" (Mateus 5.8). Ele mal podia conter sua emoção. Ele sempre quis ver Deus!

As palavras tocaram Sansão, e ele chorou copiosamente. A enfermeira lhe disse que ele estava chorando porque Jesus estava tocando a vida dele naquele momento. Então ela lhe disse que orasse. "Eu não sei como orar a este

Deus", ele respondeu. Ela então o ensinou a simplesmente dizer "Jesus", que já seria o suficiente. Ele fechou os olhos de repente e passou a repetir insistentemente: "Jesus", até cair no sono.

Enquanto dormia, uma luz brilhante apareceu. Essa luz chegou cada vez mais perto, até que tocou nele. Sansão, em seguida, viu a mão de Deus escrever em letras vívidas: "RENUNCIE. VENHA. EU PRECISO DE VOCÊ"

Na manhã seguinte, enquanto se lembrava do sonho tão real, ele recebeu a visão da mão de Deus, novamente, escrevendo as mesmas palavras: "RENUNCIE. VENHA. EU PRECISO DE VOCÊ"

Quando Maria Merlin chegou para visitá-lo, ele imediatamente lhe disse que deveria renunciar ao seu emprego e ir para o seminário bíblico. Ele tinha dado o seu coração e a sua vida a Jesus, reconhecendo-o tanto como Salvador quanto como Senhor. Ela simplesmente o olhou nos olhos e disse: "Eu sei." Que mulher especial!

Hoje, o bispo Sansão e a Maria Merlin supervisionam mais de 3.500 igrejas ao redor do mundo. Eles têm uma escola de formação de pastores e líderes, além de orfanatos sob sua supervisão. Têm viajado para mais de 110 países levando o Evangelho. E não é nenhuma surpresa saber que a sua perna é hoje saudável e forte. Ao confessar que Jesus é o Senhor, Sansão foi salvo, sua perna foi curada e seu casamento experimentou a profunda transformação gerada pelos valores e princípios do reino de Deus.

Sugestões de 7 segredos

A nossa amiga Maria Merlin tinha um compromisso com o senhorio de Jesus muito antes de seu marido. Existe um aspecto de sua vida ou de seu casamento que ainda não foi totalmente rendido a Jesus? Agora é o grande momento e a grande oportunidade para assumir esse compromisso. Declare que Jesus é o Senhor sobre tudo isso. Sim, isso mesmo! Louve-o porque ele tem a sua vida e a de seu cônjuge em sua forte e poderosa mão.

SEGREDO 2: PAIXÃO

Todos nós queremos ser bons amantes. Isso requer paixão. Seu coração batendo em sintonia com o de Deus, abre a porta para que você ame intensamente o Senhor e o seu cônjuge também.

Paixão. O que vem à sua mente quando ouve essa palavra? Atletas dedicados? Mães protetoras? Pregadores vibrantes? Ajuda aos necessitados? Apreciadores das belas artes? Viagens missionárias? Sexo?

A paixão é parte vital de quem somos. Somos feitos à imagem do nosso Pai, e ele é apaixonado por cada um de nós! Ele quer que sejamos apaixonados, e muitas vezes usa as nossas paixões para nos impulsionar em seus planos para a nossa vida e nosso futuro.

Sendo um dos 7 segredos para quem deseja desfrutar de um casamento espiritual, a paixão é o seu passaporte para um mundo de amor vibrante, vivo e empolgante. Ter o interior preenchido com paixão por Deus e por seu cônjuge, vendo o coração transbordar para ambos. Você pode viver essa paixão! Seu coração pode bater em sintonia com a pulsação do coração celestial. Amar a Deus. Amar os outros. Apaixonadamente.

Um belo exemplo dessa poderosa paixão é visto em um garanhão. Dan passou vários anos treinando e montando cavalos árabes de raça. São animais magníficos e altamente valorizados em todo o mundo. Em certo sentido, você é muito parecida com esse belo e admirável animal. Sim, uma vez que os homens estão incluídos como também sendo "a noiva de Cristo", nós permitiremos que vocês se considerem um garanhão quando lerem as descrições seguintes.

A paixão é como um garanhão

Sua pelagem branca brilha no centro das atenções, bem como as suas quatro patas quando empina. Com as narinas dilatadas, o garanhão bufa frustrado, já que seu comandante não vai permitir que ele execute os movimentos para o qual foi treinado. Ele é um barril de pólvora pronto para explodir em ação, quando o grande portão verde da arena se abre.

Quando o cavalo e o cavaleiro entram na arena, o garanhão chama para si toda a atenção. Com as orelhas voltadas para a frente e os olhos brilhando, ele está totalmente alerta e pronto para cavalgar. Cada passada mostra sua energia e precisão. Esse é um animal poderoso, cada movimento é controlado por sinais imperceptíveis do cavaleiro que o está montando. Um toque das rédeas coloca a cabeça do garanhão na posição perfeita. Um aperto de ambas as coxas diz: "Levante seus cascos ainda mais alto." O cavalo é espirituoso, mas ao mesmo tempo suave. O desempenho dele é um espetáculo incrível de se assistir.

Por outro lado, a frase "paixão desenfreada" fala de alguém que tem a energia e o entusiasmo de um cavalo espetacular, mas que não tem a disposição para corresponder a qualquer forma de controle. Esse animal é perigoso e pode até mesmo ser fatal para outros que compartilham a mesma arena. Os proprietários muitas vezes deixam garanhões mal treinados trancados em seus estábulos, onde eles se tornam ainda mais difíceis de se trabalhar, porque não há saída para toda a sua paixão e energia.

Às vezes, temos medo das paixões que estão dentro de nós e tentamos ignorá-las, bloqueando sentimentos e tentando expulsá-los do nosso pensamento, na tentativa de removê-los da nossa experiência de vida. Isso resulta no mesmo tipo de perigo, como a de um garanhão confinado à sua cocheira. Uma explosão de energia acumulada é quase certa de ocorrer a qualquer momento. Paixão liberada dessa forma nunca é uma imagem bonita de se ver.

Outra maneira de lidar com garanhões que estão fora de controle é castrá-los. A castração removerá a paixão de tal forma que ela nunca mais voltará. Infelizmente, a capacidade de colocar esse animal em exibição também se vai para sempre. Um garanhão castrado não disputa competições.

Não podemos permitir que nossas paixões dadas por Deus sejam removidas ou destruídas. Elas são essenciais se quisermos receber o prêmio para o qual Deus nos chamou para o céu (Filipenses 3.14).

Deus coloca paixões dentro de cada um de nós. Você pode dizer que algo ou alguém pelo qual você está apaixonada não é útil, prático ou valioso. Outras pessoas talvez tenham invalidado de alguma forma as suas paixões, e você, de modo imprudente, aceitou as opiniões delas, excluindo a oportunidade de experimentar algo que o seu coração sempre desejou. Isso acontece quando alguma coisa que você estava desejando muito é cirurgicamente removida de sua vida. Deus quer restaurar toda a paixão para a qual você foi criada, para satisfazer sua vida e seu casamento.

O garanhão magnífico não inicia o treinamento para uma competição na véspera. Sua formação começou anos antes.

Certo dia, quando um potro nasceu, Dan foi até ele na intenção de colocar-lhe um cabresto. Certamente, sua intenção de laçar o potro pela frente resultaria em um cabo de guerra vigoroso. Sendo ainda jovem, Dan facilmente dominou o potro recém-nascido. Em breve, ele iria perceber que Dan era mais forte e que deveria segui-lo aonde quer que ele o levasse.

Esse foi o primeiro passo no processo de reconhecimento e respeito. Mesmo quando o potro cresceu, tornando-se um forte, pesado e poderoso garanhão, ainda acreditava que Dan poderia vencer o cabo de guerra contra ele. O cavalo tinha aprendido a obedecer tão bem que a sua paixão pôde ser controlada, tornando-o útil para aquele que tivesse autoridade sobre ele. Embora permanecesse um garanhão valente, o cavalo poderia realizar tudo o que foi criado para fazer, porque estava sob o controle de seu cavaleiro.

Ninguém jamais viveu ou experimentou o alto grau de paixão que encontramos na vida de Jesus. No entanto, ele era tão dócil quanto um cordeiro. Jesus nos mostra a beleza de ser controlado de forma suave por aquele que nos disciplina e ensina. Ele disse: "Tomem sobre vocês o meu jugo e aprendam de mim, pois sou manso e humilde de coração, e vocês encontrarão descanso para as suas almas" (Mateus 11.29). A palavra grega traduzida como "manso" aqui é *praos* (doçura de espírito).

Deus quer que você aceite suas paixões e permita que elas sejam utilizadas para os fins determinados. Ele dominará o seu espírito e orientará você ao longo do caminho para a mais fascinante jornada de sua vida. Você e seu casamento serão abençoados no momento em que permitir que Deus possa torná-la mansa, ativando toda a paixão que ele tem colocado dentro de você.

Risco digno

É seguro expressar as paixões interiores que descobrimos em nós? Cada uma delas é um dom de Deus que deve ser usado e desfrutado. As paixões que Deus tem compartilhado conosco podem e devem ser para o nosso bem. Ele é o Pai amoroso e só dá bons presentes a seus filhos (Mateus 7.11). Os presentes que recebemos nos ajudam a conhecer o caráter daquele que nos presenteou.

Há uma cena memorável no livro *O leão, a feiticeira e o guarda-roupa* que revela muito sobre Jesus, nosso poderoso e apaixonado Rei.

"Aslam é um leão – o Leão, o grande Leão."

"Ah!", exclamou Susana. "Estava achando que era um homem. E ele... é de confiança? Vou morrer de medo de ser apresentada a um leão."

"Perigoso?", disse o Sr. Castor. "Quem foi que disse que ele não era perigoso? Claro que é, perigosíssimo. Mas acontece que é bom. Ele é REI, disse e repito."[1]

Nosso Deus é muito parecido com o leão Aslam, da crônica de C. S. Lewis. Ele pode até não nos fazer sentir segurança sempre, mas é completamente bom, sempre. Existe um sentido de risco que experimentamos quando buscamos a Deus com todo o nosso coração, nossa mente e nossa força. O inimigo tem medo da verdadeira paixão no povo de Deus e quer nos fazer sentir o mesmo que ele nesse seu medo. O perfeito amor de Deus em você irá destruir completamente o medo.

Pensar apenas em segurança é um caminho que pode nos levar direto à mediocridade nos relacionamentos. Você não quer ter uma relação de amor medíocre com Deus nem com o seu cônjuge. Deus projetou homens e mulheres para viverem apaixonadamente juntos no casamento, vivenciando uma intimidade para além de qualquer outro relacionamento humano. Sim, há risco em se amar um ao outro. Aceite que as paixões que Deus colocou dentro de você sempre envolvem riscos. Mas não existe lugar mais seguro para se estar.

---

1 C.S. Lewis, *As crônicas de Nárnia*. São Paulo: Martins Fontes, 2005, 137-138.

O risco de ser vulnerável

Esteja nua e sem vergonha (Gênesis 2.25) tanto com Deus quanto com o seu cônjuge no casamento.

Essa frase fala mais sobre expor o seu interior do que sobre revelar a alguém como é a sua pele quando está descoberta. Ela nos lembra que devemos compartilhar o mais profundo dos nossos pensamentos interiores com aquele a quem amamos. Permita que o seu cônjuge a conheça como você realmente é. Remova as máscaras. Quebre as suas muralhas. Basta ser você mesma. É exaustivo fingir ser alguém diferente de quem se é realmente.

O risco de compartilhar as suas emoções

Certifique-se de deixar o seu cônjuge saber quando você está alegre, satisfeita e contente. E, sim, seja honesta, compartilhando quando se sente ansiosa, solitária ou triste. Jesus era livre para expressar suas emoções. Ele chorou na frente dos outros quando Lázaro morreu (João 11.35) e ficou tremendamente irritado com os cambistas no templo (Mateus 21.12).

Emoções em si mesmas não são nem boas nem más. Você pode confiar em Deus para conduzi-la da melhor forma, para que consiga expressá-las da forma correta e no momento certo. Você não deve ser governada por suas emoções. Mas compartilhe cada uma delas em seu casamento. Isso irá adicionar intimidade e trazer entendimento para o casal. Emoções são promotoras de vida quando compartilhadas de forma sábia com a pessoa que amamos.

O risco de ser livre com seu corpo

Você foi feita de um modo assombrosamente maravilhoso (Salmos 139.14), um deleite para o amor da sua vida. Seu corpo foi criado para trazer a você e a seu cônjuge um enorme prazer quando compartilham da intimidade sexual. Livremente desfrutem um do outro, usando cada um dos seus sentidos.

Acreditamos que a única fonte de verdadeira paixão é Deus. Porque ele é bom, a paixão não pode ser, em si mesma, má. Paixões são úteis para o bem quando sua vida está dentro do controle do Pai Celeste. Mas as paixões desenfreadas podem trazer grandes danos à sua vida e ao seu casamento.

Satanás veio para roubar, matar e destruir a sua vida e o seu casamento também (João 10.10). Ele é especialista em transformar algo que se destina a ser bom, em algo que é usado para o mal. Exemplos da paixão mal aplicada sobejam no mundo em que vivemos.

Certifique-se de que Deus é aquele que guia as suas paixões e lhe ensina como usá-las.

O discernimento é de grande valor em um casamento espiritual. Ouça o seu cônjuge. Confie em seu conselho. Atenda ao sábio discernimento de seu bondoso companheiro.

As suas paixões não serão as mesmas que as do seu cônjuge. Por isso, será preciso paciência e bondade para tentar caminhar juntos nessa área da vida. Não coloque os seus desejos pessoais em uma posição mais elevada do que os de seu cônjuge. Faça sempre aquilo que é melhor para o seu casamento.

Acima de tudo, amem um ao outro como se sua vida dependesse disso. O amor cobre praticamente qualquer coisa (1Pedro 4.8). Você deve ser apaixonada pelo amor.

Amor, amor, amor, amor

O que é o amor, no verdadeiro sentido da palavra? Livros e novelas muitas vezes retratam relacionamentos em que não encontramos o verdadeiro amor. Quando nossas paixões estão relacionadas com coisas que não são boas como egoísmo, manipulação e controle, elas se tornam uma força destrutiva em nossa vida. Mas, quando a paixão é controlada pelo puro amor de Deus, ela pode nos impulsionar para uma intimidade relacional além do que jamais imaginamos. Arriscar amar com paixão pode ser um passo importante que nos leva a experimentar enormes satisfações na vida. A paixão pode ser completamente segura quando solidamente ligada ao amor.

O amor é a paixão central da intimidade conjugal. Todos nós temos acesso ao amor sobrenatural que flui em nós e para nós diretamente do coração de Deus. Para entender isso melhor, vamos explorar as palavras do Novo Testamento que são traduzidas em nossas Bíblias como "amor".

Quando perguntado por alguém qual seria o "maior mandamento na Lei", Jesus respondeu dizendo: "'Ame o Senhor, o seu Deus de todo o seu coração, de toda a sua alma e de todo o seu entendimento'. Este é o primeiro e maior mandamento. E o segundo é semelhante a ele: 'Ame o seu próximo como a si mesmo'" (Mateus 22.37-39).

À medida que aprendemos a amar a Deus, ele nos dá a capacidade de amar nosso próximo como a nós mesmos. E quem poderia ser mais próximo do que o seu cônjuge? Honramos grandemente a Deus quando, de maneira honesta e consistente, amamos o nosso cônjuge.

Desde o início, o desejo de Deus sempre foi "que nos amemos uns aos outros" (1João 3.11). Sua vontade não é diferente agora do que era no jardim do Éden. Nossa capacidade de amar, tanto em nossas relações conjugais quanto além delas, é o indicador primário da qualidade da nossa conexão com Deus. O apóstolo João afirma isso muito claramente:

> Amados, visto que Deus assim nos amou, nós também devemos amar uns aos outros. Ninguém jamais viu a Deus; se nos amarmos uns aos outros, Deus permanece em nós, e o seu amor está aperfeiçoado em nós. [...] Deus é amor. Todo aquele que permanece no amor permanece em Deus, e Deus nele (1João 4.11-12, 16).

Quando somos salvos, o Espírito Santo entra em nossa vida e passa a viver dentro de nós. O próprio Deus, que é amor, realmente habita em nosso interior e esse amor torna-se uma parte importante de quem somos. A presença de Deus em nós altera os desejos de nosso coração, transformando a maneira como pensamos, falamos e nos comportamos. E o mais importante é que a entrada de Deus em nosso ser, nos permite viver e habitar "em amor".

Os escritores do Novo Testamento usaram a palavra grega *ágape* para ajudar a explicar o amor perfeito de Deus, que se destina a fluir por meio de cada pessoa envolvida no casamento. Esse é o tipo de amor descrito de forma linda e poética em 1Coríntios 13. Na verdade, inspirando este capítulo glorioso e a definição do amor *ágape*, Deus descreve perfeitamente a si mesmo. O amor *ágape* é a essência de quem é Deus. É a rocha sólida sobre a qual o santo matrimônio é construído. Paulo escreve:

> O amor é paciente, o amor é bondoso. Não inveja, não se vangloria, não se orgulha. Não maltrata, não procura seus interesses, não se ira facilmente, não guarda rancor. O amor não se alegra com a injustiça, mas se alegra com a verdade. Tudo sofre, tudo crê, tudo espera, tudo suporta. O amor nunca perece (1Coríntios 13.4-8).

Ágape é altruísta e doador. Seus motivos são completamente puros. *Ágape* olha para as necessidades e desejos dos outros que se relacionam conosco, demonstrando paciência e bondade ao envolver quem o possui, numa atmosfera de humildade. Aquele que está cheio de *ágape* perdoa mais facilmente, permitindo a libertação das feridas do passado com a mão totalmente aberta. Um cônjuge preenchido com o *ágape* de Deus mantém viva a esperança, mesmo em situações em que a lógica levaria ao desespero, sabendo que não será desapontada pela esperança. "E a esperança não nos decepciona, porque Deus derramou seu amor em nossos corações, por meio do Espírito Santo que ele nos concedeu" (Romanos 5.5).

O nosso mundo celebra o *eros*, que é o amor romântico e sensual, como sendo de importância primordial no estabelecimento e na manutenção de um relacionamento conjugal. *Eros*, por si só, não é um fundamento confiável para a construção de um casamento e uma vida familiar. Ele pode ser apaixonado e forte, mas a sua intensidade varia bastante ao longo do tempo. *Ágape* é estável, confiável e eternamente valioso em todas as relações humanas. Ele produz um casamento que não fica ameaçado pelas circunstâncias da vida, ou pelos vendavais ao longo do tempo. Quando recebido como um dom de Deus, *ágape* pode ser tão imutável quanto o próprio Doador.

No grego, a terceira palavra para o amor é *phileo*. Essa forma implica o amor afetuoso compartilhado entre o mais próximo dos amigos, descrito em Provérbios 18.24: "Quem tem muitos amigos pode chegar à ruína, mas existe amigo mais apegado que um irmão." Ele é usado para expressar um tipo de afeição que é compartilhada entre duas pessoas que realmente gostam de estar juntas. *Phileo* pode e deve ser fortemente evidenciado no relacionamento conjugal. Desde quando nos conhecemos na biblioteca da faculdade de medicina, Linda e eu temos sempre nos considerado um ao outro como nosso amigo mais querido.

O quarto tipo de amor é *storgos*, que é o amor que existe entre os membros de uma família. Deus colocou dentro de cada um de nós um desejo, particularmente forte, de permanecer conectado à nossa família terrena. Essas relações são tão notáveis que foram incluídas na lista dos Dez Mandamentos gravados na pedra no monte Sinai: "Honra teu pai e tua mãe, a fim de que tenhas vida longa na terra que o SENHOR, o teu Deus, te dá" (Êxodo 20.12). Mesmo a sociedade secular celebra um forte vínculo entre os membros da família.

Ágape, *eros*, *phileo* e *storgos* são claramente evidentes em um casamento espiritual. A presença consistente de todos os quatro tipos de amor protege os vínculos do casal, proporcionando alegria, satisfação e estabilidade. Cada um dos cônjuges se sente completamente amado e totalmente aceito pelo outro. E esse é o desejo de Deus para todos os seus filhos e filhas na experiência do casamento.

Supere todas as dimensões do amor

Conhecemos um casal que exibe todas as quatro dimensões do amor. Eles apaixonadamente amam um ao outro e a Deus também. John e Deborah (estamos omitindo seus nomes reais) são queridos amigos que temos na China. John é um bem-sucedido homem de negócios e um grande marido e pai. Esse casal tem uma linda filhinha, única filha devido à política de controle de natalidade da nação onde vivem. Eles também cuidam da mãe idosa de John.

Em meio a sua vida ocupada, eles ainda supervisionam uma rede de igrejas clandestinas que se reúnem nos lares. Tivemos o privilégio de estar com eles algumas vezes. É difícil imaginar qualquer adoração que seja mais apaixonada do que a deles. Os chineses podem não ser exuberantes como algumas outras culturas, mas seu louvor e suas orações são incríveis!

Todas as vezes que vimos John e Deborah, fomos movidos por seu profundo amor e ternura de um para com o outro, e pela sua devoção ao Senhor. Eles nos inspiram!

Certamente não

Anos atrás, estávamos participando de um painel de discussões com outros dois casais sobre casamento e respondendo a perguntas da plateia em uma grande igreja. Um dos casais participantes do painel estava casado havia cinquenta anos. Após a discussão, estávamos conversando com eles nos bastidores. A mulher virou-se para nós e disse com um certo lamento em sua voz: "Se eu tivesse que fazer tudo de novo, não casaria com ele!" Ficamos chocados!

O amor deles era fraco, sua paixão havia sido extinta. Como é trágico que esse casal tenha sofrido um com o outro por meio século, apenas por estarem atrelados ao compromisso formal do casamento. Eles ficaram presos um ao outro. Essa união trazia glória a Deus? Infelizmente, isso não acontecia com eles. No entanto, mesmo nesse momento da vida deles, eles ainda tinham chances de mudar!

Um casamento espiritual não tem de começar na lua de mel da vida a dois. Deus pode realizar instantaneamente, de repente, a transformação de casamentos que já estejam sem paixão. Ele é um Deus de milagres que trabalha incansavelmente, e que deseja que seu casamento seja cheio de riqueza e beleza.

Sinônimos e antônimos para a palavra paixão

Encontramos sinônimos e antônimos da palavra paixão que são muito interessantes. Vamos considerar alguns deles.

Sinônimos (palavras com significado similar) de paixão incluem intensidade, empolgação, agitação, ardência, profundidade, inspiração, poder, interesse e zelo.

Como você pode imaginar, antônimos são palavras com significados opostos. Podemos aprender muito sobre a paixão olhando para o seu oposto: apatia, descaso, frieza, aversão, desconsideração, desdém, indiferença, desânimo.

Você consegue ver sinônimos e antônimos para a paixão nas duas histórias que acabamos de contar? Que conjunto de palavras pinta um quadro mais próximo do que é o seu casamento? E o que melhor descreve seu relacionamento com Jesus Cristo? Ao contrário do casal de idosos mencionado anteriormente, você pode escolher viver com paixão. É uma escolha, você sabe. Independentemente do seu cônjuge, você pode escolher a paixão, amando profunda e livremente tanto o seu cônjuge quanto o seu Deus.

Desejos

Somos apaixonados por tudo aquilo que desejamos. Como esposa, o que você mais almeja no seu casamento? É o sexo? Apenas alguém para lhe fazer companhia? Receber massagens nos pés pode ser agradável. Talvez você anseie por tempo juntos, conversas francas, longas caminhadas ao pôr do sol ou uma aventura em dupla cheia de ação.

Há grande variedade nas coisas que desejamos. Cada uma delas acrescenta um pouco de entusiasmo e um toque de tempero a nossa vida. Compartilhe honestamente aquilo por que você está apaixonada em seu cônjuge e esteja disposta a agir em favor dos desejos dele, que são diferentes dos seus. Essa é uma maneira de dizer "Eu te amo" sem usar palavras. Isso irá abençoar seu relacionamento e trará alegria ao coração de ambos. O casamento se torna mais forte à medida que cada desejo saudável é realizado.

> Por favor, sustentem-me com passas,
> revigorem-me com maçãs,
> pois estou doente de amor.
> (Cântico dos Cânticos 2.5)

Cada marido e cada esposa tem uma enorme necessidade de amor. Note que essa é uma *necessidade* e não apenas um *desejo*. Precisamos ser amados por alguém. Ansiamos por expressar e receber amor. Deus criou o casamento para ser um lugar em que possamos viver em contentamento, cultivando as paixões dentro de nós, para o exercício de seu plano perfeito.

> A noite toda procurei em meu leito aquele a quem o meu coração ama, mas não o encontrei [...] Mal havia passado por elas, quando encontrei aquele a quem o meu coração ama. Eu o segurei e não o deixei ir... (Cântico dos Cânticos 3.1, 4)

Note-se que nessa passagem é a mulher quem está fazendo a captura. Também é ela quem se compromete segurando o amado.

Ambos, homem e mulher, anseiam por serem amados com paixão. Ambos realmente querem ser alcançados. Apaixonadamente ame seu cônjuge de uma forma que ele possa receber seus avanços e não ser repelido por eles. Prepare-se para uma vida feliz. Nunca deixe de lado o amor que Deus tem dado a vocês para compartilharem entre si.

A bela poesia que lemos em Cântico dos Cânticos é muito mais do que uma história romântica de uma mulher com um homem. É uma alegoria sobre a relação da igreja com Jesus, a noiva e o noivo. Nossa mais ardente paixão deve ser dirigida a Deus (Pai, Filho e o Espírito Santo – o Deus Trino, que é um) acima de todos os outros. Ele tem zelo por nós (2Coríntios 11.2) e exige que o amemos em primeiro lugar. No entanto, ele também fica satisfeito quando amamos uns aos outros.

Deus colocou as suas paixões em você e no seu cônjuge como algo bom. Ele deu esses presentes a cada um de vocês, para que a vida de vocês venha a ser preenchida com abundância. Beba prazerosamente da água viva. Convide seu Pai para enchê-la com o seu amor perfeito. "Deleite-se no SENHOR, e ele atenderá aos desejos do seu coração" (Salmos 37.4). Deus se alegra em satisfazer as paixões de seus filhos.

De novo e de novo

Quem melhor demonstra paixão do que uma criança? Uma vez, nossa neta exibiu toda a sua paixão por brincar, quando fomos visitá-la. Estávamos sentados no sofá enquanto ela corria ao redor da sala; em seguida, ela pulou no sofá e por fim ficou no colo do pai. Após uma sessão de cócegas, ela pulou para fora do sofá e disse: "Vamos fazer isso outra vez?" Isso se repetiu de novo, e de novo, e de novo, a ponto de ela não ter mais forças para subir no sofá.

Nosso Pai adora quando nos deleitamos nele! Ele adora dizer sim a todos os nossos "de novo!" "*Abba*, podemos dizer mais uma vez o quanto amamos o Senhor? Papai, podemos sonhar com o Senhor mais uma vez? Pai, mostra-nos mais de sua glória? Mais uma vez, papai, mais uma vez!"

O mesmo acontece com os nossos cônjuges. "Posso lhe dizer mais uma vez, querido, que eu te amo? Podemos ficar juntos mais uma vez, meu bem? Meu amor, você pode me segurar de novo só mais uma vez?" A paixão diz sim aos "mais uma vez".

Você não tem que saber todas as razões. Vá e lute apaixonadamente por um casamento espiritual. Mais importante ainda, busque a Deus para isso. Ele irá fornecer a paixão que você precisa. E, amorosamente, de uma maneira eficaz, fornecerá tudo que você precisa quando correr até ele. O Senhor vai levantá-la com seus braços fortes. Ele é apaixonado por você!

Sugestões de 7 segredos

Em um lugar privado, acenda uma vela aromática, apague as luzes e faça um afago carinhoso em seu cônjuge. Experimente a calorosa e suave graça de Deus quando você o receber para ser o centro de seu casamento.

SEGREDO 3: PRESENÇA

Deus é amor. Quando intimamente o casal experimenta de Deus, o amor celestial flui dos céus para o casamento e por meio do casamento.

Você está pronta para a maior jornada de sua vida? Está pronta para compreender a profundidade de seu propósito e chamado? Está preparada para saber, com sua mente e com seu coração, que Deus realmente é bom, totalmente poderoso e cheio de amor? Você está pronta para *sentir* o amor do Pai por sua vida? Bem, amiga, o segredo para receber essas bênçãos em sua vida e em seu casamento é encontrado somente na presença do Deus vivo. Quando você e seu cônjuge permanecerem na presença dele, o amor do céu fluirá em seu casamento e por intermédio dele, enchendo seu coração e a sua casa com amor, paz e alegria.

Será que as promessas mencionadas acima soam boas demais para serem verdade? Fique aqui conosco. Depois de fazer de Jesus o seu Senhor, você vai querer segui-lo. A paixão impulsionará seu coração para querer mais e mais de Deus em sua vida. E então, o seu desejo pelo ser e pela presença de Deus se intensificará. Seu desejo será o de estar constantemente com ele. Moisés e outros grandes homens de Deus na Bíblia aprenderam esse segredo. Moisés, inclusive, disse a Deus que ele não queria ir mais a nenhum lugar sem a presença do Senhor (Êxodo 33.15).

Imagine crianças felizes. Um menino amado e uma menina meiga, que amam muito sentar-se no colo do papai. O pai vem do trabalho para casa, para desfrutar de um bom descanso em sua grande e confortável cadeira depois do jantar. Antes que ele perceba, em sua volta há crianças aconchegando-se em seu peito. Ah! Esse é o ponto alto de seu dia!

Às vezes, elas fazem perguntas, outras vezes relatam sobre todos os emocionantes acontecimentos do dia, há momentos em que se contentam em sentar-se quietinhas, tão serenas que podem até mesmo ouvir seu batimento cardíaco. Enquanto estão sentadas no colo do pai, não há nada errado com o mundo. As crianças sabem que estão seguras ali e que são amadas. Elas sabem que o papai é grande e forte; ele vai protegê-las e prover todas as suas necessidades. O coração delas se enche de alegria e contentamento. E o do pai também.

Quando começamos a experimentar a presença do Espírito de Deus, recebemos revelação da grandeza e da profundidade de seu amor por nós. Nosso Pai, *Abba*, realmente desejou estar conosco! E nós, apaixonadamente, desejamos estar com ele. Saber que o nosso Pai, o único, poderoso e onipotente Deus, não mediu esforços para nos conquistar para si simplesmente transforma a nossa vida e o nosso mundo.

A presença de Deus, este é o segredo para o casamento espiritual, vai mudar o seu coração e o seu lar. Podemos garantir isso.

A maravilhosa presença de Deus nos convence a alma e a mente, fazendo com que mergulhemos nessa jornada bendita ao lado de Deus. Mas a presença de Deus também alcança nossos sentidos, fazendo-nos transbordar de paz, lágrimas de quebrantamento diante da cruz e júbilo nos lábios, pelo poder do seu amor. Isso é muito maravilhoso de experimentar! A presença de Deus é poderosa e transformadora para nossa vida e nosso casamento.

Por que presença?

Neste momento, você pode estar se perguntando: "Por que meu cônjuge e eu precisamos buscar a presença de Deus? Já não temos o Espírito Santo em nós?"

Deus é onipresente. Ele está presente em todos os lugares ao mesmo tempo, o tempo todo. Até mesmo os incrédulos estão sempre diante da presença de Deus. No entanto, há mais dessa presença do que simplesmente sim ou não. Existem diferentes níveis de intensidade e maneiras diferentes que Deus escolhe, para se apresentar a nós como seus filhos.

Mais de três mil anos atrás, Moisés experimentou pela primeira vez a manifestação da presença de Deus na sarça ardente, no deserto perto do monte Sinai (Êxodo 3.4).

Então, quando ele e os israelitas fugiram do Egito, a presença de Deus estava com eles de uma nova e especial maneira, como uma grande nuvem durante o dia e uma coluna de fogo à noite (Êxodo 13.21). Todo o Israel estava ciente dessa manifestação da presença de Deus.

Mais tarde, Deus demonstrou sua presença com intensidade a Moisés e ao povo, aparecendo nas nuvens como fogo consumidor no monte Sinai (Êxodo 24.17). Durante o seu encontro mais íntimo com a presença de Deus, Moisés de fato viu a glória do Senhor passando próximo dele (Êxodo 33.22). Cada vez que Moisés entrou na presença de Deus, ele saiu como um homem transformado. A cada experiência, ele estava sendo preparado para desempenhar o seu papel no plano soberano de Deus.

Mesmo Jesus, que certamente caminhou na presença do Pai todos os dias da sua vida terrena, demonstrou um nível mais elevado de intimidade com o Pai durante o seu batismo no rio Jordão. O Espírito de Deus desceu como uma pomba e o iluminou (Mateus 3.16) – era o cumprimento da antiga profecia que dizia: "O Espírito do SENHOR repousará sobre ele" (Isaías 11.2). Jesus foi imediatamente "cheio do Espírito" de uma nova e notável maneira (Lucas 4.1).

A presença intensa de Deus, visivelmente identificada na forma de uma pomba, era muito mais do que simplesmente uma experiência de Jesus. O Espírito de Deus estava sobre ele de uma maneira poderosa, guiando-o pelo caminho correto durante toda a sua vida e seu ministério.

Jesus já havia estado na terra, na presença do Pai, por trinta anos. No entanto, ao ser cheio do Espírito, Jesus fez uma transição para um plano ainda mais elevado de sua vida. O Espírito Santo residia em Jesus num nível de intensidade jamais visto entre os homens. Esse é um mistério glorioso.

Jesus foi, então, totalmente preparado para passar quarenta dias sozinho, jejuando e orando no deserto, para triunfar sobre cada uma das fortes tentações de Satanás e, em seguida, dar início aos três anos de ministério mais surpreendentes já vistos pela humanidade.

Sim, todos os cristãos experimentam a presença de Deus. Ele promete que todos os que são salvos receberão o dom do Espírito Santo. Mas existem diferentes níveis de intensidade, nas formas de Deus nos revelar sua gloriosa presença. Cada nível de sua presença tem um propósito. Cada tipo de experiência que temos com ele, muda quem nós somos. Cada vez que somos tocados por sua gloriosa presença, somos preparados e capacitados para os eventos de vida que estão prestes a vir.

Um encontro precoce

Quando nossos filhos ainda moravam conosco, fomos imensamente abençoados por poder viajar para Israel com eles e um casal de amigos com os filhos. Nosso filho mais velho tem feito muitas viagens, mas até hoje diz que Israel foi a sua viagem preferida, após a sua lua de mel. Estar na Terra Santa é algo que altera de alguma forma, a vida de quem a visita.

Um dos lugares que visitei em Jerusalém foi o Pretório. Você pode ler sobre ele em Mateus 27. Imediatamente após o julgamento de Jesus perante Pilatos, ele foi levado ao Pretório, onde os soldados, despindo-o, zombaram dele e colocaram uma coroa de espinhos em sua cabeça. De lá, ele foi levado para a cruz. Muitos estudiosos da Bíblia acreditam que esse local especial em Jerusalém é realmente aquele lugar.

Como você pode imaginar, cristãos de todo o mundo querem ir lá. Quando fomos, percebemos que era mais silencioso do que muitos dos outros locais sagrados em Israel. Havia uma sensação de reverência entre a multidão. O silêncio foi quebrado quando um grupo de turistas da Alemanha começou a cantar. Não entendemos alemão, mas reconhecemos a canção porque era um antigo hino: "Oh, sagrada cabeça agora ferida, com mágoa e vergonha abatida, agora com desdém cercada, com espinhos tua única coroa."[1]

A presença doce de Deus enchia a sala, ficamos muito emocionados. Dan e eu nos abraçamos chorando, enquanto nos ajoelhávamos no chão onde Jesus sofreu por nós. Foi um momento sagrado. O Espírito Santo estava operando em nosso coração. Um dos nomes do Senhor, Emmanuel, significa "Deus conosco". E naquele momento, de fato, ele estava. Nada, nada é mais precioso do que a sua presença.

---

1 *Words* por Bernardo de Claraval, 1153; traduzido do latim para o alemão por Paul Hardt, 1656.

Praticando a sua presença

Temos o hábito de orar juntos todas as noites antes de dormir. Orar juntos costumava ser difícil e desconfortável para nós, mas depois de cultivarmos um casamento espiritual, isso tem sido um evento agradável, pelo qual ficamos aguardando a cada noite.

Um dia, Linda havia passado um tempo buscando a presença de Deus. Naquela noite, na cama, ela colocou a mão no meu peito, pedindo que qualquer coisa que ela tivesse recebido do Espírito naquele dia, fosse dado também a mim. Enquanto orava, eu podia sentir a santa presença de Deus me tocando.

Durante alguns minutos, fiquei imóvel na cama, desfrutando da preciosa paz na presença de Deus. Então, senti o desejo de tocar em Linda e orar, convidando o Espírito Santo para enchê-la mais e mais com a sua glória. Oramos assim, um pelo outro, por algum tempo, naquela noite, até sermos vencidos pelo cansaço. Embora tivéssemos orado juntos até tarde da noite, acordamos na manhã seguinte completamente renovados.

Durante as semanas que se seguiram fomos obrigados a compartilhar, quase todas as noites, a presença e a percepção do Espírito Santo de Deus. Foi um tempo em que nos sentíamos recebendo a visita dos céus em nossa casa.

Os períodos que experimentamos essa percepção da presença de Deus conosco eram geralmente seguidos por um longo tempo de indescritível paz. Deus tem usado esses momentos em sua presença para gravar em nossa mente o conceito escrito no Salmo 84.2: "A minha alma anela, e até desfalece, pelos átrios do SENHOR; o meu coração e o meu corpo cantam de alegria ao Deus vivo." Porque a nossa alma tem clamado pelo Deus vivo, ele tem respondido com algumas demonstrações maravilhosas do seu amor, de seu poder e de sua paz profunda.

Houve momentos em que a presença de Deus veio sobre nós ao mesmo tempo, enquanto estávamos adorando juntos ao Senhor com outros irmãos. É um sentimento maravilhoso, que produz um quebrantamento sincero diante de Deus. Não é incomum nos curvarmos com o rosto no chão em momentos assim, tamanha a consciência de que estamos na presença do Deus santo e poderoso.

Esse quebrantamento gerado pelo Espírito Santo é revelador da nossa condição pecadora, diante de um Deus santíssimo que, podendo nos rejeitar para sempre em virtude de nossa culpa, decidiu desde toda a eternidade nos amar e nos resgatar em Cristo. Além de uma paz que transborda em nosso ser, essas experiências na presença de Deus nos transformam em pessoas mais semelhantes a Jesus, o que causa impacto não apenas em nossa vida, mas também no casamento e em todas as demais relações humanas que estamos vivenciando.

Aprendemos com essas experiências que buscar e ensinar sobre a presença e os dons do Espírito Santo, é parte integrante do nosso chamado diário. Encontros com Deus podem ocorrer em circunstâncias casuais. Compartilhar experiências espirituais com o cônjuge é uma maneira prática e serena de aprender a participar do mundo espiritual. O ambiente íntimo do casamento é o cenário ideal para que um homem e uma mulher sintam a intimidade do toque de Deus.

Sabemos que nem sempre a frequência com que um casal se rende à presença de Deus é a ideal, mas não precisa ser uma experiência incomum em nossa agenda. Devemos investir intencionalmente nesses momentos de adoração e busca pelo Espírito Santo juntos. Sua presença estará sempre disponível para aqueles que insistem pedindo, buscando e batendo (Mateus 7.7).

Presença na noite

Acreditem, é sempre especial quando o Espírito Santo nos surpreende com algo novo! Podemos compartilhar algumas histórias de Linda com vocês?

Recentemente, fizemos uma longa viagem da Nova Zelândia para Fort Worth, no Texas. Dan vinha se queixando havia meses de um terrível incômodo nas costas. Sendo sincera, eu estava preocupada, pois achava que numa viagem tão longa como essa, ele talvez sentisse ainda mais dor e incômodo.

Depois de identificar os nossos assentos no avião, cobrimos nossos olhos com aquelas máscaras apropriadas, esperando para dormir um pouco. Enquanto dormia, sonhei que uma nuvem de eletricidade massageava as costas de Dan. Era como se algo lindo se movesse para cima e para baixo, para a esquerda e para a direita, tocando cada região dolorida. Então, de repente, a nuvem desapareceu.

Despertei do sono antes de Dan, estava pensando no sonho quando, de repente, ele acordou. Tão logo abriu os olhos, ele virou-se para mim e disse: "Uau! Minhas costas estão muito melhores. Eu me sinto bem e sem dor. Aliás, já não me sinto assim há meses." Aleluia! Uma massagem do Espírito Santo fez mais do que meses de exercício. Que bênção! E quão gentil foi Deus em meu sonho, ao mostrar o que estava fazendo. Por isso eu amo viver na presença do Senhor.

Em outra ocasião, Deus me acordou no meio da noite. Dan estava dormindo quando uma luz muito brilhante apareceu no nosso quarto. Pude ver uma nuvem pairando sobre o meu marido. Ela ficava apenas alguns centímetros acima de seu corpo, cobrindo da sua cabeça até os pés. Era uma luz tão intensa, que tive de cobrir meu rosto. Surpreendentemente, após essa experiência espetacular, simplesmente voltei a dormir.

Na manhã seguinte, perguntei ao Dan se ele havia sentido alguma coisa durante a noite ou se teve algum sonho. Não. Nada. Nada. *O que aconteceu então, Senhor?*

Mais tarde, estávamos conversando com James Goll, falando sobre essa nuvem de glória. Ele disse que Deus estava dando a Dan algo de que ele precisava e que eu fui abençoada com o dom de ver isso. Assim é o casamento espiritual! Nós recebemos da parte de Deus e temos a alegria de compartilhar um com o outro, aquilo que vemos, ouvimos e recebemos.

Buscando a sua presença

Fomos todos criados para a comunhão com Deus e para o desfrute de sua presença. Em que ambiente você está mais apta a reconhecer a presença de Deus? Você regularmente se coloca nessa situação? Abaixo, estão sugestões úteis sobre o que fazer na sua busca:

Se una a outros. Envolva-se na adoração e no serviço da igreja local da qual você participa. Pequenos grupos dentro de sua igreja ou até outras reuniões de crentes, são uma maravilhosa oportunidade para se conectar com pessoas, que também estão buscando a presença de Deus. Encontre-se com amigos apaixonados por Jesus. Assim como o ferro afia o ferro, o homem afia o seu companheiro (Provérbios 27.17).

Fique a sós com Deus. Ou melhor, promova um encontro a três, convidando o seu cônjuge para esse momento! Agende e passe algum tempo de qualidade juntos. Lembre-se da promessa feita por Jesus: "Pois onde se reunirem dois ou três em meu nome, ali eu estou no meio deles" (Mateus 18.20).

Observe a natureza. Uma caminhada na chuva suave, as cores deslumbrantes do pôr do sol, ondas batendo na praia ao luar, a luz de um céu estrelado, tudo isso para a sua contemplação – tanta beleza pode ser vista na criação de Deus. Tudo isso e muito mais está esperando por você para ser observado, estudado e desfrutado junto com o seu cônjuge. Na criação, as qualidades invisíveis do Deus eterno – seu poder e sua natureza divina –, podem ser claramente vistas (Romanos 1.20). Deus ama que você possa experimentá-lo por meio da criação.

Ouça em silêncio. "Parem de lutar! Saibam que eu sou Deus!" (Salmo 46.10). Os sussurros de suas palavras de amor podem ser ouvidos melhor no silêncio. Ouça. Aprenda. E, em gratidão, ame-o.

Expresse-se. O silêncio vale ouro quando você aprende a experimentar Deus. Mas há também um tempo para falar em voz alta (Eclesiastes 3.7). Ele gosta de ouvir a sua voz louvando-o ou demonstrando gratidão, admiração e reverência. Deus é atraído pela adoração sincera. Ele sempre responde.

Convide e receba. Jesus disse: "Qual pai, do meio de vocês, se o filho pedir um peixe, em lugar disso lhe dará uma cobra? Ou, se pedir um ovo, lhe dará um escorpião? Se vocês, apesar de serem maus, sabem dar boas coisas aos seus filhos, quanto mais o Pai que está nos céus dará o Espírito Santo a quem o pedir!" (Lucas 11.11-13). Deus quer ser convidado para fazer parte de sua vida. Quando solicitado e convidado, ele irá compartilhar sua presença santa com você. É o presente perfeito para todas as ocasiões.

Absorva passivamente. Apreciar a presença de Deus não tem a ver com esforço, mas com a forma de acolhê-lo. Aproveite o tempo e crie espaço e oportunidades para Deus se revelar ao seu coração. Uma bela maneira de recebê-lo bem é se render em uma atitude serena, descansando em adoração com uma música suave ao fundo. Às vezes, a melhor maneira de receber é absorver passivamente.

Valorize uma imersão espiritual singela, providenciando uma música especial, desfrutando bem desse momento. Escolher uma música que toca o seu espírito faz você se sentir mais íntima do seu amado Pai.

Ore. Uma das nossas maneiras favoritas de estar juntos é ficar abraçados na cama, pouco antes de dormir. Esse pode ser um momento muito tranquilo, uma rotina tranquila para o sono. Mas há momentos que Deus escolhe ser de outra forma. Temos experimentado encontros especiais em sua presença. Esteja sempre disponível para o Senhor.

Valorize os sonhos. Deus sempre falou com seus filhos por meio de sonhos. Ele fala ao seu espírito, mesmo quando o seu corpo está dormindo. Pedimos a Deus que santifique os nossos sonhos, para que eles sejam claros e poderosos, sempre vindo diretamente dele. Compartilhe o que você receber com o seu cônjuge e busquem no Senhor o entendimento desses sonhos.

Participe de eventos. Não há melhor maneira para você e seu cônjuge entrarem na presença de Deus, do que se juntando a outras pessoas que estejam buscando a mesma coisa. Quando aqueles que estão com fome e sede do Pai se reúnem, ele sempre vem! Procure saber a agenda dos bons eventos cristãos. Eles mencionam a presença de Deus? Peça aos amigos que compartilhem com você, de que forma as conferências os têm ajudado a crescer em intimidade com o Senhor.

Presença íntima

Deus criou o casamento para ser santo. O casamento precisa ser um ambiente propício para a ação do Espírito Santo. O único caminho para isso é por intermédio da busca pela presença do Espírito Santo na vida do casal. Se o casamento espiritual é o seu destino, então o Espírito Santo é o combustível em seu tanque. Você não pode chegar lá sem ele.

Setecentos anos antes de Jesus nascer, foi profetizado que "O Espírito do SENHOR repousará sobre ele" (Isaías 11.2). Após a ascensão de Jesus, no dia de Pentecostes, os crentes que esperavam na presença do Senhor foram cheios do Espírito. É nosso desejo que o Espírito Santo repouse e encha até transbordar a sua vida e o seu casamento.

Deus deseja que você seja mais íntima dele do que de seu cônjuge. Ele quer conhecê-la e também quer que você possa conhecê-lo no mais rico sentido da palavra. Porque Deus a ama, ele deseja que a presença dele esteja sobre você e que flua por meio de você.

Deus uniu vocês dois para serem um na aliança do casamento. À medida que se torna mais intimamente ligada a Deus, você também se habilita a um relacionamento mais íntimo com o seu cônjuge. Isso se aplica tanto à relação física quanto à espiritual dentro do casamento. Você e o seu cônjuge podem se tornar mais plenamente "uma só carne" (Gênesis 2.24) por intermédio da presença do Espírito Santo.

O Salmo 16.11 diz: "Tu me farás conhecer a vereda da vida, a alegria plena da tua presença, eterno prazer à tua direita." Essa parte das Escrituras nos lembra o terceiro Segredo e a promessa disponível, quando você anda no caminho da vida. A promessa é de alegria e prazer eterno. Encontramos isso na presença de nosso Deus. Que você e seu cônjuge desfrutem de ambas para sempre.

Sugestões de 7 segredos

Tentem uma imersão juntos. Busquem um lugar calmo. Deem as mãos. Fechem seus olhos. Ouçam um cântico de adoração. Convidem a presença de Deus e peçam ao Espírito Santo que vocês possam sentir a presença dele juntos, como sendo um.

SEGREDO 4: PODER

Você não é uma covarde. Você tem o poder do Espírito Santo para se libertar do passado, da escravidão do pecado e de um casamento monótono. O poder de Deus lhe permite buscar o entusiasmo para amar e ser amada.

Quando era criança, você gostava de vencer as brincadeiras? Linda cresceu em uma fazenda que tinha um grande botijão de gás do lado de fora da casa que alimentava o fogão de sua mãe. Muitas vezes, quando brincava com seus irmãos ou primos, eles subiam no botijão, chacoalhando-o alegremente e brigando para ver quem seria o último a permanecer lá em cima, como o grande vencedor da brincadeira e dominador do espaço.

Jesus é *o* verdadeiro vencedor! Nada nem ninguém pode derrubá-lo de sua legítima posição no topo. Ele é o herói de todos os heróis. Nosso Deus não é um covarde! E seu poder nos permite buscar, com empolgação, amarmos e sermos amadas. A vida com Deus é incrível e emocionante!

Você progrediu ao se curvar a Jesus como Senhor, buscá-lo com devoção, para então descansar em sua presença. Cada uma dessas etapas é necessária, se você estiver preparada para receber o próximo dos *7 segredos de um casamento sobrenatural: poder!*

Depois que Jesus emergiu das águas do batismo, o Espírito de Deus repousou sobre ele em forma de uma pomba. E, preenchido com o poder do Espírito Santo, ele foi conduzido ao deserto para ser tentado por Satanás. Depois de superar Satanás, Jesus "voltou para a Galileia no poder do Espírito" (Lucas 4.14) para dar início a seus gloriosos anos de ministério público.

Em sua vida, Jesus não só demonstrou o poder que havia recebido, mas também ensinou sobre isso. Perto de Cesareia de Filipe, Jesus disse aos discípulos e à multidão que em breve o seu reino viria com poder (palavra grega *dunamis* em Marcos 9.10). Nos últimos instantes que precederam sua ascensão ao céu, Jesus prometeu aos seus discípulos que eles receberiam poder (*dunamis*) quando o Espírito Santo viesse sobre eles (Atos 1.8). Você e seu cônjuge têm acesso ao mesmo Espírito Santo que inundou a vida de cada um desses homens e os mudou para sempre.

Deus é poderoso para fazer infinitamente mais do que tudo o que você pedir ou imaginar (Efésios 3.20), porque seu *dunamis* está sempre trabalhando em sua vida. Quem não precisa do poder de Deus ou não precisa de mais dele? Nada será capaz de impulsionar o seu casamento mais rápida e eficazmente do que o poder de Deus.

Você gostaria de ver esse poder celestial atingindo em cheio o seu casamento? Prepare-se para começar a agir, enquanto partilhamos esse incrível segredo com você.

Poder sobrenatural

É difícil conter a emoção enquanto escrevemos este capítulo. Podemos sentir a alegria que o céu experimenta quando os filhos e as filhas de Deus percebem quem são em Cristo. O Deus que realizou atos espantosos, surpreendentes, pouco convencionais e sobrenaturais em toda a Bíblia é o mesmo hoje, e o será para sempre. Por que não confiamos totalmente nele para realizar os seus atos poderosos em nós e por meio de nós hoje em dia?

No casamento espiritual, Deus se deleita em mostrar seu poder por intermédio de vocês dois! Se o seu casamento ainda não pode ser definido como espiritual, aproveite esta leitura para ser encorajada. Deus permanece o mesmo, com o mesmo poder que realizou obras surpreendentes no passado. Ele pode manifestar todo esse poder em seu casamento.

Deixe que sua esperança cresça e suas emoções sejam tocadas, enquanto lembramos algumas proezas do Senhor contadas por toda a Bíblia.

- Gênesis 1.27: Deus criou o homem à sua imagem.
- Gênesis 35.5: O terror de Deus caiu sobre as cidades ao seu redor, para que ninguém perseguisse os filhos de Jacó.
- Êxodo 14.24: O Senhor olhou para baixo do alto da coluna de fogo e da nuvem, e lançou o exército egípcio na confusão.
- Êxodo 17.6: Tocando na rocha, dela saiu água para o povo beber.

• Josué 3.13: Assim que os sacerdotes que levavam a arca do Senhor puseram os pés no Jordão, suas águas foram represadas e se ergueram como uma muralha.

• 1Samuel 17.45: Davi, porém, disse ao filisteu: 'Você vem contra mim com espada, com lança e com dardos mas eu vou contra você em nome do SENHOR dos Exércitos'.

• 1Reis 17.14: A farinha na vasilha não se acabará e o azeite na botija não se secará até o dia em que o SENHOR fizer chover sobre a terra.

• Isaías 38.8: Farei a sombra do sol retroceder os dez degraus que ela já cobriu na escadaria de Acaz.

• Daniel 3.27: O fogo não tinha ferido o corpo deles. Nem um só fio do cabelo tinha sido chamuscado, os seus mantos não estavam queimados, e não havia cheiro de fogo neles.

• Mateus 8.3: Imediatamente ele foi purificado da lepra.

• Marcos 10.52: Imediatamente ele recuperou a visão e seguiu Jesus pelo caminho.

• Atos 1.8: Mas receberão poder quando o Espírito Santo descer sobre vocês, e serão minhas testemunhas em Jerusalém, em toda a Judeia e Samaria, e até os confins da terra.

• 1João 4.18: O perfeito amor expulsa o medo.

• Apocalipse 12.11: Eles o venceram pelo sangue do Cordeiro e pela palavra do testemunho que deram; diante da morte, não amaram a própria vida.

A Bíblia está cheia de exemplos do poder surpreendente de Deus. Ele sabe quando ser gentil como um cordeiro. Mas também sabe quando rugir como um poderoso leão. Ao seu rugido, a terra treme e os demônios fogem. E todos nós temos nossos males que precisam fazer as malas e seguir em frente, para fora de nossa vida e de nosso casamento! Vamos abraçar o poder de Deus, libertando-nos de tudo o que embaraça a nossa vida. É hora de sermos livres!

Agora, Dan contará a nossa história sobre o poder de Deus nos libertando.

Liberdade sobrenatural

Alguns anos atrás, Linda passou uma tarde dedicada ao estudo da oração de libertação. O Espírito Santo trouxe de volta à sua mente eventos de sua infância, que nunca haviam sido realmente tratados ou curados. Ela foi capaz de perdoar todas as feridas que o Espírito Santo trouxe à sua mente e de se arrepender de haver participado de coisas que não eram de Deus. Linda foi libertada do controle do medo do homem e também do orgulho. Naquela noite, ela provou de uma profunda sensação de paz interior e de um aumento de seu nível de confiança, como ela nunca havia sentido antes. Não havia nenhuma dúvida sobre isso. Algo de grande significado ocorrera em seu interior, durante os estudos daquela tarde!

Linda sempre foi uma pessoa gentil, dotada com a capacidade de amar as outras pessoas de modo profundo e sincero. Observando sua dedicação na prática da oração, eu podia sentir que a intensidade do amor que ela sentia havia entrado em um novo e mais elevado nível. Ela já me amava profundamente havia anos, mas, de repente, passou a me amar ainda mais do que antes. Aconteceu uma revolução em seu interior que era difícil de explicar. Até mesmo a nossa intimidade sexual melhorou consideravelmente.

Não me surpreendia notar quão abençoada Linda estava sendo pela experiência da oração, pois esse é o testemunho de pessoas que se aprofundam na comunhão com Deus. Um sentimento de alegria transbordante e profunda paz. Eu a acompanhei, semana após semana, para ver por quanto tempo essa nova espiritualidade duraria. Para minha surpresa, mesmo depois de meses, ela pareceu não se desgastar. Linda foi permanentemente transformada pelo poder e pela presença de Deus.

Pensei sobre a maravilhosa mudança que havia ocorrido na vida de Linda: "Será que isso ajuda alguém como eu?" No início, ela me pressionou para tentar a mesma experiência com a oração de libertação, mas sabiamente ela recuou para permitir que o próprio Espírito Santo pudesse me guiar a essa experiência. Linda tinha passado por uma profunda mudança em sua vida. Por causa de seu amor por mim, ela queria que eu experimentasse o mesmo. Mas não foram as suas palavras que trouxeram suavidade ao meu coração. Foi a glória do Senhor, brilhando a cada dia no seu rosto o que implacavelmente me atraiu ao seu plano para a minha vida.

Com o tempo, abandonei as desculpas e, finalmente, pedi aos nossos amigos que orassem comigo. Um dia, o Espírito Santo me tocou de uma maneira que eu nunca havia experimentado. A falta de perdão se foi, a raiva desapareceu. Até então, eu estava entregue a muita opressão, de repente comecei a viver com mais confiança e alegria. Deus me abençoou com uma capacidade de sentir prazer em ter comunhão com ele. Eu também tinha sido notavelmente alterado.

No entanto, Linda e eu ainda não éramos tão livres como gostaríamos de ser. Temos muitas vezes observado que Deus nos cura e liberta como se fôssemos as camadas de uma cebola, retirando uma a uma. Era emocionante ver o que o seu poder havia feito em nós nesses poucos meses. Mas sabíamos que havia muito mais a ser feito por Deus em nós. Movidos por um profundo desejo por mais de Deus, decidimos participar juntos de uma grande conferência cristã.

Quatro dias antes do evento, fui acordado por um sonho curto, porém intenso, que eu sabia ter vindo de Deus. Anos antes, eu tinha visto uma cesta de basquete no ginásio de uma igreja muito legalista. Ela estava bloqueada por um pedaço de madeira que fora colocada no local, bem na parte superior do aro, presa por uma corrente com cadeado. Infelizmente, o objetivo desse bloqueio era evitar que as crianças da vizinhança viessem jogar basquete no ginásio da igreja.

No meu sonho, vi a madeira e o aro exatamente como havia visto anos antes. De repente, as correntes foram se desintegrando e caíram no chão, o pedaço de madeira, que até então bloqueava o aro, começou a flutuar no ar. Em poucos segundos, estava completamente fora da minha visão. De uma forma bonita e ao mesmo tempo dramática, Deus estava me dizendo que "Aquele que abre o caminho" (Miqueias 2.13) estava vindo. Essa poderosa unção da presença de Deus mostrou que logo ele estaria vindo, para romper e retirar o que nos havia bloqueado por anos. O inverno estava passando, a primavera logo viria (Cântico dos Cânticos 2.11).

Nossos primeiros dias na conferência foram particularmente uma montanha-russa física, emocional e espiritual. Havia uma batalha sendo travada dentro de nós entre as forças da luz e os poderes de escuridão, tão intensa quanto qualquer outra que eu já tinha visto. Durante a pausa para o almoço, nós fomos, exaustos, ao quarto do hotel para descansar. Tiramos um bom cochilo e sentimos o frescor que só o Espírito Santo é capaz de produzir!

Começamos a orar um pelo outro, repreendendo toda e qualquer iniciativa do inferno contra a nossa vida e o nosso casamento. E assim aconteceu! O poder de Deus é sempre vencedor. Após o almoço, retornamos felizes para a conferência, cheios de expectativas para mais momentos especiais na presença do Senhor. O dia que havia começado como um dos piores que eu já tinha experimentado, acabou sendo o melhor do qual podemos nos lembrar até os dias de hoje. Foi um dia inesquecível, cheio da presença e do poder de nosso Deus.

No livro *River Glory* (Rio da glória), Ruth Ward Heflin escreve: "O desejo de Deus é nos levar a lugares que não podemos sequer pedir para sermos levados, porque nem sabemos que eles existem. Ele quer nos dar experiências que nunca poderíamos pedir porque sequer sonhamos com elas."[1]

Havíamos entrado no reino da intimidade espiritual com Deus, sem saber que ele sequer existia. Foi além de qualquer coisa sobre a qual tínhamos ouvido falar ou mesmo sonhado. Não havia indício algum de que estava para acontecer e de forma tão breve!

Favor sobrenatural

Não muito tempo depois de experimentarmos essa liberdade recém-descoberta, fizemos uma viagem ministerial para a China. Surpreendentemente, fomos convidados para jantar com um líder comunista na capital, Pequim. Aquele dirigente político, de quem, por segurança, omitiremos o nome, começou a visita nos recebendo solenemente em uma sala de reuniões[2]. Sentados um à sua esquerda e o outro à sua direita, estávamos em cadeiras ornamentadas e muito desconfortáveis, tomando chá juntos enquanto discutíamos eventos cotidianos da China.

Depois de trinta minutos de conversa com a ajuda de um tradutor sobre nada que fosse de real importância, nós dirigimos por toda a cidade e fomos a um restaurante privativo do governo e um belo *spa*. Dentro, havia uma imponente instalação com várias salas de jantar, cada uma

1 Ruth Ward Heflin, *River Glory* (Hagerstown, MD: McDougal Publishing, 1999), 56.

2 Por segurança, é mais aconselhável omitirmos o seu nome.

delas elegantemente decorada, com paredes cobertas com folha de ouro, belas obras de arte chinesa, mesas de madeira magníficas e cadeiras com estofados de bom gosto. Todo o edifício era limpo e impecável, artisticamente desenhado, construído e acabado com habilidade.

Quando nos reunimos para comer, Linda tirou um conjunto de pauzinhos de plástico amarelos que tinham numa extremidade a cabeça de um pato sorrindo. Eles foram feitos para crianças, mas Linda os havia trazido como uma brincadeira para aliviar um pouco o clima durante o nosso encontro com os líderes chineses. Eles riram, nós rimos também; o clima da reunião foi completamente alterado por causa desse ato tolo que os desarmou. As doze opções de pratos apresentados para nós naquele dia foram os mais incríveis que já tínhamos visto ou experimentado. O que mais nos surpreendeu, no entanto, foi a mudança na direção da conversa no restante do tempo que passamos juntos.

Pelas próximas duas horas, o dirigente nos fez uma série de perguntas sobre o que é ser cristão nos Estados Unidos. Ele perguntou sobre a definição de termos como igreja, pastor, presbítero e diácono. Ele queria saber o que adorar significava e nos pediu que descrevêssemos uma semana típica de atividade da igreja. Ele parecia bastante preocupado se a fidelidade a Deus poderia realmente manter os cristãos servindo ao seu país patrioticamente.

Ele perguntou o que considerávamos ser a coisa mais importante da vida. Dan respondeu: “Deus, em primeiro lugar." Quando ele perguntou qual seria a próxima, Dan sorriu e disse: "Linda, logo em seguida." Depois de algumas risadas, o dirigente perguntou a Linda: "O que você acha sobre ficar em segundo lugar?" Ela, com confiança, respondeu: "Eu amo isso! Na verdade, Deus também é a minha prioridade. E Dan está muito satisfeito em ser o número dois, depois de Deus."

Aquele homem ficou boquiaberto. Vindo de uma sociedade na qual o governo comunista é supremo e os homens dominam as suas famílias, foi chocante para ele ouvir Linda dizer abertamente "Dan é o número dois". O mais surpreendente para ele, porém, era o fato de Dan aceitar e até mesmo encorajar que ela o considerasse em tal posição. Nós explicamos mais sobre como homens e mulheres se relacionam um com o outro no casamento cristão, com respeito mútuo, resultando em ambos os parceiros receberem de forma igualitária o amor e a honra. Compartilhamos com esse dirigente como esse tipo de relação conjugal é benéfico para qualquer sociedade.

Essa foi uma oportunidade maravilhosa e única para falar sobre o tesouro da vida abundante em Deus, com um líder comunista tão influente. Foi-nos dada como um presente, divinamente preparada e sobrenaturalmente realizada, por meio dos vasos frágeis. Paulo disse que as pessoas comuns, como nós, demonstrariam a glória de Deus por intermédio de sua vida e de suas palavras: "Mas temos esse tesouro em vasos de barro, para mostrar que o poder que a tudo excede provém de Deus, e não de nós" (2Coríntios

4.7). Pelo poder do Espírito Santo, nosso relacionamento com Deus estava amadurecendo. Como Jesus, estávamos crescendo "em sabedoria, estatura e graça diante de Deus e dos homens" (Lucas 2.52).

Na manhã seguinte, deixamos os salões dourados dos ricos e fomos levados para estar com aqueles cuja vida era o extremo oposto. Depois de viajar para o campo, passamos o dia com pessoas de uma igreja clandestina, que literalmente se reuniam em um terreno subterrâneo, no abrigo de uma grande caverna. Pelo olhar humano parecia ser muito pobre, mas o Espírito do Senhor estava com aquelas pessoas; eles desfrutavam de riquezas que não podem ser compradas por dinheiro algum.

Durante o culto na caverna, notamos uma mulher de meia-idade, casada, cujo rosto brilhava como o de um anjo. Ela tinha um semblante de paz que não era condizente com os desafios de sua vida. Ela era a líder daquela igreja clandestina. Apesar das dificuldades que enfrentou, teve tudo de que precisava para a vida e para a piedade (2Pedro 1.3). A oportunidade que nos foi dada de conhecer e orar com essa preciosa irmã, não foi menos significativa do que testemunhar para aquele dirigente político um dia antes.

O rosto e a vida daquela mulher irradiavam a glória de Deus para que todos vissem. Nem sua pobreza nem o sistema opressivo do governo em que ela vivia, podiam manter a Luz do Mundo sem irradiar de cada parte do seu ser. É o desejo intenso de nosso coração ver essa glória brilhando para além do nosso casamento e sobre todos os que buscam o poder do Deus todo-poderoso.

Cura sobrenatural

No mês seguinte, enquanto estávamos em Mombasa, Quênia, vimos o poder sobrenatural de Deus exibido de uma outra maneira notável. Durante um mergulho no oceano Índico, na maré baixa, Linda ficou gravemente ferida em sua canela esquerda quando bateu contra uma formação de corais. As feridas sangraram por horas, o que a deixou com uma grande dor por algum tempo.

No fim do segundo dia, os sinais de infecção começaram a surgir. Nós ficamos em volta de Linda e proclamamos a vontade de Deus e o seu poder para curar doenças (2Reis 5.14; Mateus 8.3; 10.8). Uma irmã queniana, chamada Nellie, que possuía um dom de cura, pôs as mãos sobre as feridas, que estavam ainda escorrendo e orou, pedindo a Deus que estancasse aquela infecção. Embora não tivéssemos acesso aos antibióticos, a infecção diminuiu durante a noite. No dia seguinte, logo de manhã, a perna de Linda parecia notavelmente melhor. Ela havia sido curada pelo poder de Deus!

Com a infecção controlada, fomos capazes de aproveitar o restante de nossa viagem. No entanto, durante o longo voo para casa, notamos ainda um nódulo em desenvolvimento sob a pele, na canela de Linda. Novamente oramos pela cura, mas o caroço aumentava gradualmente e a dor na região se intensificou.

No dia seguinte, já em casa, um cirurgião ortopédico da região examinou a perna de Linda, pois havia um cisto profundo do periósteo da tíbia. Os exames não mostraram nenhum sinal de infecção, mas o cisto continuou a exalar um fluxo constante de líquido amarelo-claro. Duas vezes por semana voltávamos ao médico, e, em cada visita, ele dizia que a cirurgia seria a única maneira de se ter a certeza de que a secreção pararia. Não somos contra a cirurgia. Dan é cirurgião. Mas sentíamos que, por enquanto, deveríamos apenas esperar.

Juntamente com vários irmãos em Cristo, continuamos diariamente, pedindo a Deus que curasse a ferida ainda não sarada. No entanto, após mais de um mês de curativos diários, o gotejamento constante de líquido continuou inabalável. A filhinha de um amigo nosso olhou ironicamente para Linda e perguntou: "Por que a sua perna está chorando?"

No início de uma manhã de domingo, estávamos adorando juntos na igreja, horas antes de o primeiro culto começar. Enquanto orávamos para que Deus curasse as suas feridas, Linda recebeu a revelação de que o inimigo estava se valendo daquela enfermidade, para zombar do poder de cura de Deus.

Enquanto orava, o Espírito Santo veio sobre Dan. Com maior confiança e autoridade do que jamais havia experimentado, Dan colocou a mão sobre a perna ferida de Linda e ordenou ao espírito imundo que saísse naquele momento. Com força e ousadia que se levantaram de seu interior, ele orou por Linda com mais poder e fervor do que nunca. Então, imediatamente, ela sentiu um alívio físico tomando todo o seu corpo. Sabíamos que algo notável e divino havia ocorrido naquele momento.

Minutos depois, removemos o curativo da perna de Linda. Quando havíamos colocado o curativo mais cedo, a ferida vazava continuamente. Agora, o gotejamento tinha estancado completamente, para nunca mais voltar. Jesus curou a lesão de Linda naquele dia, demonstrando seu poder sobre o inimigo e sobre a doença. Foi uma espantosa e alegre experiência que compartilhamos juntos, como uma só carne, um maravilhoso e sobrenatural encontro com o Deus vivo e verdadeiro.

Sinais e maravilhas na Índia

Poderosas reuniões na presença de Deus foram abundantes em uma recente viagem que fizemos ao sul da Índia. Você já reparou que amamos quando o Senhor aparece e se apresenta? Nunca nos sentimos mais vivos do que quando trabalhamos com ele, independentemente do local.

Muitas vezes, quando viajamos em missões, estamos sozinhos ou com uma pequena equipe, mas nessa viagem tivemos conosco a presença de dez jovens que amavam Jesus. O versículo-chave do nosso ministério é Jó 9.10: "[Ele] Realiza maravilhas que não se podem perscrutar, milagres incontáveis." A equipe foi abençoada ao poder ver essa parte das Escrituras ganhar vida diante de nossos olhos.

Fomos evangelizando tanto em grandes cidades quanto em pequenas aldeias. Uma das pequenas igrejas de aldeia era menor do que a nossa sala de estar, mas estava cheia com cerca de trinta pessoas, todas sentadas em esteiras de palha no chão. Outras vezes, estávamos em um grande salão alugado com 1.200 participantes. Independentemente do tamanho do encontro, o Espírito Santo sempre nos visitava. De maneira surpreendente para nós, cerca de um terço do público veio para o altar, recebendo Jesus como seu Salvador. Aleluia!

Um dia, durante uma das reuniões maiores, sentimos o Espírito Santo dizer que haveria grande salvação em nosso meio. Nesse momento, fomos tomados de emoção e quebrantamento diante de Deus; chorávamos enquanto adorávamos este Deus compassivo que ama salvar os pecadores. Quando conseguimos levantar a cabeça, ficamos espantados ao ver centenas e centenas de pessoas, na sua grande maioria hindus, correndo para a frente pedindo oração.

A equipe entrou em ação, orando por cada pessoa que queria receber oração. Diante de nossos olhos, Deus se moveu com grande poder. Aproximadamente oitocentas vidas foram salvas apenas nesse único evento. Muitas curas mais tarde foram confirmadas por médicos. Uma mulher mais velha, que vivia encurvada por causa de uma grave deformidade nas costas e cheia de dor, ficou muito feliz quando Deus começou a endireitar as costas dela. Sua neta assistiu com admiração a como essa preciosa mulher ficou mais alta. Aconteceu de forma sobrenatural, sob a mão de Linda, ela disse que se sentia como um carro que está sendo levantado para uma troca de pneus. Estávamos todos espantados!

Um bebê havia nascido com falta de várias costelas. Elas cresceram! Um homem a quem se havia dito que teria apenas mais alguns dias de vida foi curado de um tumor no cérebro. Jesus! Muitos mais foram curados de todos os tipos de enfermidades. Depois que voltamos para os Estados Unidos nos foi dito, que 16 novas igrejas haviam sido plantadas e muitas dessas queridas pessoas batizadas.

Nosso maravilhoso e poderoso Deus é o mesmo hoje, como era nos tempos bíblicos. "SENHOR, ouvi falar da tua fama; tremo diante dos teus atos, SENHOR. Realiza de novo, em nossa época, as mesmas obras, faze-as conhecidas em nosso tempo" (Habacuque 3.2).

Deus é o seu poder

O *dunamis* de Deus é a sua posição de força. O poder sobrenatural é o segredo fundamental na sua busca pelo casamento espiritual.

O Diabo ataca vidas e casamentos com discórdia, doença, vícios e dificuldades. Mas o poder do céu em você é maior do que a força de seu inimigo (1João 4.4). Da sua posição no poder de Deus, você pode enfrentar, combater e derrotar o inimigo. Sim, você pode esmagar Satanás debaixo de seus pés (Romanos 16.20).

E não haverá nenhum medo das batalhas que virão, porque o Senhor vai sempre adiante de você, o Deus de Israel será a sua retaguarda (Isaías 52.12). Quando Deus permitir que você experimente o poder do seu Espírito, a sua vida e o seu casamento serão transformados para sempre.

Sugestões de 7 segredos

Planeje ministrar à vida de alguém, juntamente com o seu cônjuge, esta semana. Talvez vocês possam preparar um bolo juntos e então irem ao hospital mais próximo de sua casa para compartilhá-lo com algum enfermo. Fazer as coisas aparentemente simples em nome de Jesus é sempre de grande valor (Marcos 9.41). O ministério não tem que ser extravagante, caro ou executado em uma terra estrangeira para ser uma doce oferta de amor para Jesus.

SEGREDO 5: TRANSFORMAÇÃO

O sinal de um casamento sobrenatural é a paz. Essa paz flui livremente do Espírito Santo enquanto ele produz frutos em seu viver. Caminhar nessa paz que vem de Deus cria um ambiente celestial em seu casamento.

Quando nosso filho mais novo era pequeno, ele tinha dificuldade em falar a verdade. Ele nos olhava bem nos olhos e mentia, quando era confrontado. Ele fez isso muitas vezes e muito bem. Orávamos para que ele fosse pego cada vez que mentisse. Como era muito bom no que fazia, pessoas inocentes, como a sua professora de escola dominical, não sabiam que ele não estava dizendo a verdade.

Pequenas palmadas, castigos, retirada de privilégios ou limites para certas brincadeiras, nada parecia funcionar enquanto tentávamos "curá-lo" desse hábito terrível. Apesar das mentiras, sabíamos que nosso filho era muito doce e terno. Mas estávamos perplexos com essa situação.

Um pouco depois, quando ainda era muito jovem, ele nos disse que tinha rendido seu coração e sua vida a Jesus e quis ser batizado. Ficamos muito felizes! Dan teve uma séria conversa de pai para filho com ele e sentimos que estava seguro dessa decisão. Naquela mesma semana, Dan batizou o nosso filho em nossa igreja. Imediatamente, de uma maneira sobrenatural, a mentira cessou. O Espírito Santo tinha invadido o jovem coração do nosso menino, produzindo uma instantânea transformação divina. Ficamos maravilhados!

Assim como o Espírito Santo transformou o nosso filho, ele muda cada um de nós e transforma nosso casamento para que se torne espiritual como todos nós desejamos. O quinto segredo de um casamento espiritual é a transformação.

Uma renovação completa

A beleza de uma borboleta é capaz de nos maravilhar. Acreditamos, com todo o nosso coração, que o seu casamento pode ser igualmente magnífico. Como ocorre com a lagarta antes de uma metamorfose, será necessária muita mudança. Todo marido e toda esposa precisam da transformação milagrosa que apenas Deus é capaz de operar. Uma renovação completa, do tipo celestial.

Transformação é uma metamorfose de quem você é para quem você foi criada para ser. Ela altera o seu modo de pensar, seus desejos, a maneira como você vive e até a sua capacidade de amar. Isso é muito mais do que uma mudança de comportamento. É uma alteração no cerne do seu ser, uma mudança de caráter, que não se reverte ao longo do tempo.

É importante tentar ser um bom cônjuge para o seu companheiro. Mas o desejo e o esforço só irão avançar o seu casamento até aqui, aonde provavelmente você já chegou e nada mais. A verdadeira mudança nunca acontece somente a partir do seu esforço humano. A intervenção de Deus é necessária. Você não quer apenas uma modificação comportamental; você precisa de transformação espiritual!

Não somos as mesmas pessoas que éramos quando nos casamos. E somos muito felizes por isso!

Em nosso casamento, nós dois precisávamos de *muitas* transformações. E muito mais ainda está por vir.

Todo casamento precisa de mudanças, mas por onde devemos começar?

Jesus nos advertiu que não nos concentrássemos apenas no cisco que está no olho do cônjuge. Em vez disso, devemos prestar atenção à trave que está em nosso próprio olho (Mateus 7.3). Depois de anos de aconselhamento, aprendemos que o dedo indicador da acusação não leva a lugar algum. Um casamento transformado começa com você.

Vamos compartilhar uma história que permite que todos nós possamos ver o milagre da transformação em ação.

Transformação visível

Desesperados por transformação, Bill e Joan participaram de um retiro de casais alguns anos atrás. Eles não fizeram segredo do que haviam sofrido, diante das muitas lutas no casamento. O temperamento explosivo de Bill o levou a dois divórcios anteriores, esse era o segundo casamento de Joan. Mas, ao longo de todo o drama e de toda a intensa discussão, Bill e Joan realmente queriam ver seu casamento dando certo. Na verdade, eles não queriam que fosse uma mera sobrevivência, mas que ele florescesse.

Um dos motivos da raiva de Bill era a crença de que ele era indigno de ser amado. Joan podia ver o diamante escondido dentro de Bill, apesar de seu exterior bruto. Ela estava determinada a limpar todos os detritos que estavam, até então, escondendo sua doce e adorável personalidade. E Joan era uma daquelas mulheres raras e bonitas que faziam tudo com paixão. No final do retiro, cada casal foi convidado a, publicamente, declarar diante de Deus e dos outros o seu amor um pelo outro e seu compromisso com o casamento. Essa era uma experiência poderosa e que emocionava a todos. No momento em que Bill e Joan terminaram suas palavras, não havia ninguém que não estivesse chorando.

Com grande amor nos olhos, Joan silenciosamente começou a lavar os pés de Bill. Ela os enxugou com os seus belos cabelos. Ele estava totalmente desarmado. Naquele ato inesperado, Bill percebeu a profundidade da paixão dessa mulher por ele. Ele foi amado!

Todos nós vimos como a sua dureza simplesmente se desfez. Juntos, vimos a sua atitude defensiva desaparecer como um vapor. Uma grande transformação ocorreu diante dos nossos olhos. "O amor nunca perece" (1Coríntios 13.8).

Tomamos a liberdade de mudar os nomes dos nossos amigos para este livro, mas "Bill e Joan" continuam celebrando o casamento hoje, ainda são apaixonados por Jesus e um pelo outro. O incrível amor de Deus transformou duas pessoas quebradas em um casal espiritual.

As mudanças que Deus fez no casamento de Bill e Joan foram verdadeiramente surpreendentes. Eles nos lembram a propaganda de um brinquedo, que era muito popular quando nossos filhos eram pequenos. O anúncio desse brinquedo começava com as seguintes palavras: "Transformers: mais do que os olhos podem ver." Cada brinquedo tinha a aparência de um simples carro ou caminhão, mas havia uma incrível surpresa saindo de dentro de cada um deles. No que ele se tornaria? O segredo era revelado por meio da transformação.

O brinquedo não poderia mudar sua própria forma. Mas com algumas peças movidas para cá e outras partes mexidas para lá, pelas mãos de alguém, a sua identidade secreta era revelada.

Seu casamento pode ser muito parecido com aquele brinquedo. O que é visível agora pode ser bem diferente do plano completo do Criador. Mas há uma surpresa que pode surgir, uma descoberta do que está esperando para ser visto. Só Deus pode fazer o movimento; só ele pode fazer a transformação. E essa transformação trará, certamente, muita alegria!

A alma

Na salvação, nós somos deslocados do reino das trevas para o reino da luz. Antes, estávamos perdidos, agora fomos encontrados. Nosso espírito foi totalmente resgatado de maneira instantânea.

No dia da salvação, nossa *alma*, de fato, apenas começou a mudar. E uma grande quantidade de mudanças ainda são necessárias. Lembra-se de como é descascar uma cebola, camada por camada? Na transformação de Deus em nossa alma (mente, vontade, emoções e imaginação), camada por camada é tocada para completar o processo (santificação). Deus transforma nossa alma progressivamente ao longo dos anos, com maravilhosos resultados em nossa vida e, também, em nosso casamento.

A mente

"A mentalidade da carne é morte, mas a mentalidade do Espírito é vida e paz; a mentalidade da carne é inimiga de Deus porque não se submete à lei de Deus, nem pode fazê-lo" (Romanos 8.6-7). A mente controlada pelo Espírito Santo está sempre disposta e capacitada para se submeter completamente ao senhorio de Jesus, que é "vida e paz".

Lemos em Romanos 12.2: "Não se amoldem ao padrão deste mundo, mas transformem-se pela renovação da sua mente." Essa transformação é realizada em nossa mente pelo toque de Deus e do poder da sua Palavra. Nossa forma de pensar pode ser tão profundamente mudada, que Paulo chega a dizer: "Temos a mente de Cristo" (1Coríntios 2.16).

A vontade

Quando somos transformados pelo Espírito de Deus, nós parecemos mais com Jesus, quando declarou: "Pois desci do céu, não para fazer a minha vontade, mas para fazer a vontade daquele que me enviou" (João 6.38). Deus muda o nosso coração, nos dando o desejo de Jesus que, em submissão ao Pai, orou: "Venha o teu Reino; seja feita a tua vontade, assim na terra como no céu" (Mateus 6.10).

Como filhos de Deus, devemos orar como Jesus: "não seja feita a minha vontade, mas a tua" (Lucas 22.42). Se cedermos à vontade de Deus para que ela seja o padrão de nossa vida, a obediência raramente se tornará uma questão pesada, já que será mais natural. Ele promete que receberemos bênçãos (Deuteronômio 28).

As emoções

Por meio da transformação das nossas emoções, experimentamos libertação e poder para usarmos da maneira que glorifica a Deus. Em vez de serem apenas reações aos triunfos e às decepções da vida, nossas emoções tornam-se ferramentas que Deus usa para cumprir seus propósitos por intermédio de nós. O Espírito Santo nos conduzirá no uso de nossas emoções, quando estiver no centro de nossos pensamentos, de nossas palavras e ações.

É impossível desenvolver uma verdadeira relação de amor com Deus sem tornar-se emocionalmente envolvido. É inimaginável que uma noiva expresse seu amor por seu noivo, no dia do seu casamento, sem nenhuma emoção na voz. Um amor verdadeiro não pode se expressar sem o uso da emoção. À medida que crescemos em intimidade com o Pai, nós nos envolvemos emocionalmente com ele. Suas emoções tornam-se as nossas em cada situação que enfrentamos. Sentimos prazer nas circunstâncias que o alegram e nos afligimos com situações que lhe causam dor e tristeza.

Emoções transformadas são uma ferramenta poderosa para a construção de um casamento espetacular.

A imaginação

A imaginação é o componente criativo colocado dentro de cada um de nós por nosso Criador, que é um Deus incrivelmente criativo. O propósito desse dom é que sirvamos a Deus, usando-o para o fortalecimento do reino e para o cumprimento dos planos do Senhor. Deus demonstra a sua grande criatividade, tanto nas coisas visíveis quanto nas invisíveis. Podemos fazer uso desse dom por meio de escritas criativas, contando histórias, fazendo evangelismo inteligente, por intermédio de visões espirituais e compondo músicas. Isso é algo de grande valor também para esposas e maridos em seu amor!

Deus nos fala muitas vezes em sonhos. Pedimos-lhe que santifique nossa imaginação, para que os sonhos de que nos lembremos ao acordar, sejam apenas aqueles vindos do céu. Por meio de sonhos, podemos receber uma clara compreensão do passado e do presente, bem como alguma revelação do futuro. Assim como a Bíblia muitas vezes nos confirma, os sonhos são instrumentos surpreendentes e poderosos de comunicação entre a criatura e o Criador. Se estamos cumprindo os fins para os quais fomos criados, devemos permitir que Deus transforme a imaginação para que ela possa ser utilizada no cumprimento do seu plano perfeito.

Evidência

Como é possível perceber que a nossa alma está sendo transformada dia a dia? Pelos frutos da nossa vida. A transformação não ocorre de repente, como se fosse o Clark Kent se transformando em Superman, mas mudanças irão acontecer. O fruto será percebido primeiramente por sua família, seus colegas de trabalho e, acima de tudo, pelo seu cônjuge. E todos vão querer o que você tem!

Esposas e maridos espirituais são preenchidos com o fruto do espírito. Paulo nos dá uma lista do que consiste esse fruto: "Mas o fruto do Espírito é amor, alegria, paz, paciência, amabilidade, bondade, fidelidade, mansidão e domínio próprio. Contra essas coisas não há lei" (Gálatas 5.22-23).

Essas características são produzidas em nossa vida por meio da obra do Espírito de Deus, forjando seu caráter em nós. Essa lista ilustra como Deus trata os outros nas suas relações mais íntimas. Além disso, estabelece um elevado padrão sobre como devemos lidar uns com os outros em nossos relacionamentos, especialmente no casamento.

As qualidades de Deus são plantadas e cultivadas em nós pelo Espírito Santo, quando permitimos que ele faça morada em nosso coração. As características desse fruto não são formas de viver que podemos, por conta própria, aprender e lutar para seguir, mas são qualidades espiritualmente obtidas e que são implantadas em nosso interior. O fruto do espírito jamais será produzido pelo esforço humano. Ele não pode ser fabricado ou copiado com sucesso. Ele só será visto quando formos transformados no âmago do nosso ser.

À medida que somos transformados, começamos a *possuir* o fruto do Espírito. Ele é nosso e torna-se uma parte vital de quem somos. Ele agrada a Deus, porque o fruto do Espírito é o seu próprio caráter. Paulo disse aos Efésios: "Portanto, sejam imitadores de Deus, como filhos amados" (Efésios 5.1). Todo bom pai tem o desejo de que seus filhos cresçam seguindo seu exemplo, para serem uma bela representação dele, e Deus não é diferente. Deus tem prazer em nos moldar de forma a nos tornarmos mais parecidos com ele.

Quando marido e esposa, em um casamento espiritual, tomam posse do fruto do Espírito, o Pai é duplamente honrado e fica duplamente satisfeito. Com essas qualidades evidentes na vida do casal, a vida abundante flui livremente por intermédio da sua relação:

- Seu *amor* um pelo outro é sem medida.
- Sua *alegria* juntos é incalculável.
- Eles desfrutam de uma *paz* que excede o entendimento humano.
- Eles são *pacientes* e *bondosos* um para com o outro, mesmo quando suas imperfeições ficam em evidência.
- Eles presumem sempre que as intenções de um e do outro são *boas*, embora em alguns momentos possa parecer o contrário.
- Há absoluta *fidelidade*, sem dúvida, sugestão ou piada sobre infidelidade.

- A *gentileza* prevalece na relação que possuem.
- O *autocontrole* está sempre presente.

Que lugar maravilhoso e seguro para se viver e aproveitar! Viver um casamento espiritual exibe a todos o que Jesus pediu ao Pai quando orou: "Venha o teu Reino; seja feita a tua vontade, assim na terra como no céu" (Mateus 6.10). Será que isso soa como algo utópico, exagerado ou mesmo radical? Será que o conceito de um casamento transformado parece ser impossível para você, particularmente por causa de sua situação atual?

Mesmo as pessoas mais bem-intencionadas podem lhe dizer que nenhum casal deve esperar desfrutar da glória do céu, enquanto ainda estiver vivendo na terra. Jesus, no entanto, nos diz: "Para o homem é impossível, mas para Deus todas as coisas são possíveis" (Mateus 19.26). Você acredita que Jesus disse apenas isso, ou acredita que ele realmente quis dizer mais do que isso? Você crê que ele quis dizer isso para *você* e para o *seu* casamento?

Estamos certos de que esse tipo de união é possível. Mas lembre-se de que não adianta tentar ser um cônjuge melhor por meio de seu próprio esforço. Não! O casamento espiritual só virá quando você entregar a sua vida, confiando em Deus com toda a sua mente, vontade e emoções, dando-lhe total liberdade para transformar o seu coração.

Sinais de transformação

Ainda estávamos nos primeiros passos de um casamento espiritual, quando dirigíamos por uma estrada gelada, ouvindo uma pregação que falava sobre o momento em que Jesus dormia no barco com seus discípulos, enquanto uma tempestade avançava sobre eles no mar da Galileia (Lucas 8.22-25). Apesar de os discípulos estarem assustados, Jesus manteve a calma em meio à tempestade. Sua repreensão e seu controle desse fenômeno natural demonstraram a autoridade que ele tinha para fazer milagres visíveis a fim de que os discípulos também pudessem estar em paz. O pregador disse na ocasião que temos autoridade sobre qualquer tempestade da vida em que mantemos a paz sobrenatural.

Momentos depois de ouvirmos essa palavra, o nosso carro derrapou subitamente e ficou desgovernado na estrada cheia de gelo. Fomos para o outro lado da pista em alta velocidade, com a estrada cheia. O veículo capotou algumas vezes, e quando parou, ficamos presos lá dentro, de cabeça para baixo.

Enquanto o acidente se desenrolava diante de nossos olhos e nosso corpo era violentamente espancado e jogado contra o interior do automóvel, experimentamos uma incrível sensação de paz. No início daquele mesmo mês, sentimos ambos o toque do amor perfeito de Deus que expulsa o medo (1João 4.18). Demos de cara com a morte, mas não ficamos com medo. No meio do caos, a paz de Jesus prevaleceu.

Embora Dan tenha ficado ferido, não foi necessário nenhum tratamento especial para ele ser curado e voltar ao normal. Linda teve que fazer uma cirurgia abdominal de emergência na véspera de Natal por causa de um ferimento em seu intestino delgado. Quando saímos daquela tempestade de neve e voltamos para nossa casa no Texas, outros milagres ocorreram. Ao longo dessa jornada desafiadora, nós mantivemos a paz constante, sobrenatural, que transcendeu o nosso entendimento (Filipenses 4.7). Deus nos concedeu, como casal, a autoridade sobre essa tempestade.

O sinal de casamento espiritual é a paz. Uma inabalável Paz. Ela flui livremente a partir do Espírito Santo, enquanto ele produz frutos em sua vida e por meio de você. Essa é uma parte normal de sua vida sobrenatural com Deus.

Quando amigos entram em nossa casa pela primeira vez, muitas vezes comentam que sentem uma profunda calma e paz ali. Isso sempre foi uma marca da nossa casa. Acreditamos que o que esses amigos experimentam é o pacto de paz que nos foi dado por Deus, por termos sempre honrado seus desejos para a nossa vida, em nossa aliança de casamento. Isaías profetizou: "Embora os montes sejam sacudidos e as colinas sejam removidas, ainda assim a minha fidelidade para com você não será abalada, nem será removida a minha aliança de paz', diz O SENHOR, que tem compaixão de você" (54.10). Deus continua a dizer por meio de Ezequiel: "Farei uma aliança de paz com elas e deixarei a terra livre de animais selvagens para que as minhas ovelhas possam viver com segurança no deserto e dormir nas florestas" (34.25).

Jesus diz em Mateus 18.20: "Pois onde se reunirem dois ou três em meu nome, ali eu estou no meio deles." Jesus é o "Príncipe da Paz" (Isaías 9.6); se ele está em nós, então "a paz de Deus, que excede todo o entendimento" (Filipenses 4.7) será reconhecida por aqueles que nos conhecem. Assim como o sinal de Deus para Noé foi o arco-íris e o seu sinal para Abraão foi a circuncisão, acreditamos que a paz na vida de um casal é o seu sinal para o mundo ordenado por Deus, por sua unidade e compromisso.

A paz é um sinal genuíno de transformação nos cônjuges num casamento. É o barômetro de um relacionamento espiritual. Se você sentir que o nível de paz em seu casamento está caindo, descubra o porquê. Converse com seu cônjuge sobre isso. Ore sobre isso. O Espírito Santo irá lhe mostrar uma solução e a sua paz voltará. O caos não tem lugar em um casamento alicerçado em Jesus, o Príncipe da Paz.

Honra

Alguns anos atrás, tivemos o privilégio de ministrar com missionários que serviam num país do Oriente Médio. Para a segurança deles, é melhor não nos referirmos ao país abertamente. Nossos queridos amigos, Dr. Paul e Teri Looney, haviam sido convidados para realizar encontros de casais durante alguns finais de semana com essas pessoas. Nós tivemos a honra de estar com eles, auxiliando.

Paul desenvolveu uma maravilhosa ferramenta de resolução de conflitos, que ele chama de "Leve-o para a cruz". Perto do encerramento de um retiro de fim de semana, pedimos que casais se voluntariassem para esse maravilhoso exercício. Um corajoso casal prontamente se ofereceu para fazer.

Levar alguém para a cruz exige que, cada pessoa envolvida no conflito, primeiro diferencie entre seus pensamentos e sentimentos relativos à questão para, em seguida, compartilhar isso com seu cônjuge. É impressionante como é difícil definir sentimentos e pensamentos sob coação. Cada pessoa também é instruída a dar uma proposta a respeito de como o conflito poderia ser resolvido. A seguir, pedimos aos participantes que tivessem um compromisso com o outro, de que essa questão não fosse separá-los. Que bonito!

Nesse retiro, uma mulher iniciou o processo de levar o seu conflito para a cruz. Ela começou afirmando que "o problema é não ter um aparelho de ar-condicionado". Seus sentimentos eram intensos. Ela acreditava que realmente seria uma melhor esposa, mãe e governaria melhor seu lar se não sentisse tanto calor e irritação o tempo todo. Com um pouco de conversa e orientação recebida de Teri, ela fez um ótimo trabalho separando seus pensamentos dos seus sentimentos. Depois de ouvi-la, Linda e eu tivemos a certeza de que seu marido era um tolo, por não ter cedido a esse seu desejo.

Quando chegou a vez de o marido apresentar o seu lado do problema, ele facilmente declarou seus argumentos. Mas, como frequentemente acontece com os homens, ele tinha dificuldade em expressar suas emoções a respeito do conflito. Finalmente, ele foi capaz de dizer que seu desconforto trouxe grande dor, fazendo-o se sentir impotente e inútil.

Uma vez que ela sabia que ele realmente a tinha ouvido, com o coração e com a razão, a esposa ficou mais tranquila. Quando se acalmou, ela foi capaz de avaliar melhor o seu raciocínio. Saber que o seu marido a tinha ouvido e que desejava aliviar o seu sofrimento em uma terra estrangeira, fez toda a diferença para aquela esposa. Ela se sentiu honrada.

Observar a transformação desse casal bem diante dos nossos olhos era impressionante.

Conforme os fatos vinham à tona, ficamos sabendo que em sua casa não havia energia elétrica. Não é possível ter ar-condicionado sem eletricidade! Eles concordaram em juntar dinheiro para comprar um gerador e um aparelho de ar-condicionado, para ser instalado pelo menos no quarto onde dormiam. Também aprendemos uma importante lição sobre não tirar conclusões precipitadas, sem ouvir ambos os lados de um conflito.

O conflito foi resolvido, pois foi levado à cruz de Jesus Cristo. Ele transformou esse casamento, restaurou a paz em seu coração e em seu lar.

Andar em paz é outro fruto do Espírito, que cria um ambiente de honra no casamento. A transformadora obra do Espírito Santo prepara maridos e esposas para ouvirem um ao outro, responderem amorosamente e respeitarem as necessidades do cônjuge. Ter uma boa estima é melhor do que prata ou ouro (Provérbios 22.1).

Quando o seu cônjuge se sentiu honrado ou desonrado por você? Você expressa regularmente palavras de respeito e admiração ao seu companheiro? Paulo nos ensina: "Prefiram dar honra aos outros mais do que a vocês" (Romanos 12.10). Isso só pode ser conseguido pela transformação, e não apenas por mera força de vontade. No casamento, honramos nossos cônjuges quando, por meio de nossas palavras e ações, nós os estimamos de uma maneira mais elevada que a nós mesmos.

Avançando em direção a um casamento espiritual

A presença do Espírito Santo é a chave para a transformação, tanto em nossa vida pessoal, quanto em nosso casamento. Provar da presença de Deus muda por completo a nossa visão de futuro, nosso propósito de vida, a maneira como pensamos e a nossa forma de agir. Ele aumenta a nossa capacidade de dar e de receber amor.

Deus está diretamente interessado em conduzir você e seu cônjuge para o casamento espiritual, do qual vocês foram criados para desfrutar. Ele é especialista em transformar pessoas! Aquele que começou a boa obra em você vai continuá-la até a conclusão (Filipenses 1.6).

> E todos nós, que com a face descoberta contemplamos a glória do Senhor, segundo a sua imagem estamos sendo transformados com glória cada vez maior, a qual vem do Senhor, que é o Espírito (2Coríntios 3.18).

Sugestões de 7 segredos

Considerando o texto de 2Coríntios 3.18, que transformação ocorreu em você, no seu cônjuge e em vocês dois ao mesmo tempo? Passe algum tempo agradecendo a Deus pela transformação que ele tem realizado na vida de vocês.

SEGREDO 6: SANTIDADE

Santidade. Pureza. Esses atributos são essenciais em um casamento espiritual. Viver esse estilo de vida é maravilhoso e divertido!

De onde tiramos a ideia de que a santidade seria algo penoso e entediante? Santidade é o próximo segredo para um casamento espiritual. A santidade e a pureza simplificam a vida. São atributos essenciais para se viver em harmonia com os nossos cônjuges e com Deus. A atmosfera da santidade é envolvente e libertadora.

Sem santidade, temos que lutar para manter a nossa imagem, trabalhar para lembrar que tipo de história temos contado, trabalhar para tentar tapear Deus (como se isso fosse possível). A santidade nos permite viver sem a preocupação constante de que somos vistos por todos a nossa volta, porque ela nos faz viver simplesmente em transparência e retidão. A vida sem santidade é difícil. Uma vida vivida em pureza e santidade nos dá liberdade.

O santo é divertido

Enquanto Linda nadava na piscina de nossa academia, ela pedia a Deus que lhe desse uma mensagem. Faltava apenas mais um dia, antes que fôssemos ministrar alguns cursos sobre casamento e a pressão estava aumentando. Sabíamos que estava faltando algo em nosso projeto de apresentação, mas não conseguíamos descobrir o que era. Uma palavra clara de Deus seria necessária, e rapidamente! Confiávamos que Deus iria prover exatamente o que queria que as pessoas ouvissem e não ficamos desapontados com o que ele nos deu naquele dia.

Ao longo dos anos, aprendemos que horas de natação na piscina, podem ser um tempo agradável e produtivo na presença amorosa do Pai. Enquanto nadamos, praticamente não há distrações em nossa comunhão com Deus. Podemos orar por nossos amigos missionários, que vivem em outro continente, ou interceder por questões que de alguma forma pesam ao nosso coração. Enquanto movemos o corpo na superfície da água, achamos natural manter comunhão com Jesus, nosso salvador e amigo. Para nós, não há lugar melhor do que uma piscina para pedir e receber a água viva do Espírito Santo, conforme descrito por Jeremias, Zacarias e João. Que lugar mais razoável para ouvir o suave sussurro de Deus (1Reis 19.11-12; Salmos 46.10) do que nesse ambiente de quase que absoluto silêncio?

Naquele dia na piscina, Linda perguntou a Deus: "O que o Senhor quer que eu fale para aquelas pessoas amanhã à noite?" Enquanto nadava, ela esperava pacientemente para ouvir a resposta de Deus ao seu pedido. Depois de três voltas, ela ouviu claramente as palavras chegando ao seu espírito, dizendo: "O santo é divertido." Um pouco confusa, ela silenciosamente perguntou o que a frase significava. Mais uma vez, ela ouviu claramente em espírito a mesma frase: "O santo é divertido!"

O playground de Deus

O Espírito Santo trouxe à mente de Linda um sermão que ela ouvira anos antes. Na ocasião, o pregador contou uma história sobre um parque infantil de uma escola, ao lado de uma movimentada rua da cidade. Não havia uma cerca separando os dois ambientes; as crianças e os professores podiam sentir que o perigo estava presente. Nessa atmosfera, os alunos do jardim de infância se mantiveram muito próximos de seus professores durante o recreio, em vez de brincarem no campo aberto, que, por sua vez, era bem grande. Embora estivessem em segurança sob o cuidado atento das professoras, elas foram privadas de muitas áreas e atividades disponíveis no parque. As crianças não podiam desfrutar plenamente do recreio, porque o parque parecia ser traiçoeiro para elas.

Os responsáveis pela escola, conscientes do risco de ter as crianças brincando tão perto da rua, construíram uma cerca resistente em torno do parque. Logo as crianças estavam correndo, jogando bola, se balançando e, sem nenhuma preocupação, brincando em cada canto do parque. Elas estavam cheias de alegria, porque tinham um lugar seguro para brincar. O que antes parecia assustador, agora era divertido por causa da cerca que os separava do perigoso tráfego da rua.

O casamento é muito parecido com um parque infantil devidamente cercado. Por intermédio da Bíblia e da liderança do Espírito Santo, Deus estabelece barreiras protetoras, sábias e fortes, ao redor do casamento de seus filhos, no parque. Toda a atividade realizada dentro desses limites seguros é justa e boa, em conformidade com a perfeita vontade de Deus. Qualquer coisa fora desses limites é profana, injusta e fora de sua vontade. Tudo do lado de fora é rua, não é permitido brincar por causa do enorme perigo envolvido.

Santidade, Deus e casamento

Deus é totalmente santo, e é sua vontade que o compromisso do casamento seja completamente santo também. A santidade é a essência de quem Deus é. Deus não pode ser nada menos do que santo. Porque é impossível para ele mudar (Malaquias 3.6), já que ele não pode e não vai agir fora de seu caráter. Porque fomos criados à sua imagem, o seu desejo é que nos tornemos como ele, sendo isso completamente possível, tanto individualmente quanto no casamento.

À medida que crescemos em santidade, honramos a Deus como nosso Criador e honramos a beleza e a perfeição do seu plano. A nossa santidade agrada muito ao Pai. É por isso que, no estabelecimento da sua lei com os filhos de Israel, Deus disse a Moisés repetidamente: “Diga o seguinte a toda comunidade de Israel: Sejam santos porque eu, o SENHOR, o Deus de vocês, sou santo" (Levítico 19.2, 11.44-45).

Semelhante ao parque cercado da escola, o pacto do casamento é um lugar de completa segurança. Porque Deus é santo e exige a nossa santidade como indivíduos, podemos concluir que ele anseia pela santidade em nosso casamento também. O autor de Hebreus afirma assim: "O casamento deve ser honrado por todos; o leito conjugal, conservado puro; pois Deus julgará os imorais e os adúlteros" (Hebreus 13.4).

Concordamos com a declaração de Corrie ten Boom de que não existe lugar mais seguro do que o centro da vontade de Deus. Os limites protetores do casamento foram estabelecidos há muito tempo por Deus e demonstrados no casamento original no jardim do Éden (Gênesis 2). As fundações para os limites dados por Deus foram estabelecidas com o seu imutável amor por nós, e a estrutura dessas cercas foi erigida usando sabedoria e entendimento. Eles são construídos com a verdade eterna e imutável e demonstram, tanto para a mundo quanto para nós, a bondade absoluta de Deus. Eles não foram estabelecidos porque Deus não quer que a gente se divirta. Os limites foram erguidos para que pudéssemos ter o melhor divertimento possível, no contexto do casamento. Lembre-se de que "santo é divertido"!

Um casamento verdadeiramente conectado à santidade de Deus é uma coisa surpreendente. Nesse tipo de relacionamento, podemos abdicar de todas as nossas defesas e apenas *ser*, em vez de estarmos sempre *fazendo*, ou tentando executar algo para provar quem somos e o valor que temos. Cumprimos o destino que Deus nos criou para desfrutar, quando caminhamos em santidade no casamento. Nesse lugar, tudo é compartilhado livremente e não existe nenhuma barreira entre marido e esposa. Não há medo sobre o que a outra pessoa possa pensar, nem há qualquer dúvida sobre as motivações das ações do outro. Dentro desse parque de Deus chamado casamento, somos encorajados a amar profunda e livremente, rir e brincar, sem medo dos perigos que se encontram do lado de fora, desses limites ordenados pelo Senhor. Não houve nenhuma restrição na demonstração do amor do Pai por nós, por meio da doação de Jesus. "Porque Deus tanto amou o mundo que deu o seu Filho Unigênito, para que todo o que nele crer não pereça, mas tenha a vida eterna" (João 3.16). Paulo pergunta: "Aquele que não poupou seu próprio Filho, mas o entregou por todos nós, como não nos dará com ele, e de graça, todas as coisas?" (Romanos 8.32).

Da mesma forma, ele nos exorta para que, no casamento, não tenhamos nenhuma restrição sobre como devemos verbalizar e agir para fora do nosso amor um pelo outro. Quando andamos nos limites que Deus nos deu para o casamento, não há nada que fique retido na doação recíproca de amor entre um marido e uma esposa.

A situação Ticklish

Nós amamos um casal de Uganda que de uma maneira bela demonstra vida de santidade e pureza diante de Deus. Eles servem como pastores de uma grande igreja localizada na maior favela de Kampala. A igreja é vibrante e viva, embora seus membros estejam entre os mais pobres dos pobres. Diariamente, os líderes dessa igreja ouvem as necessidades terríveis das pessoas. Não fosse uma real comunhão com o Deus poderoso, seria fácil para os pastores ficarem oprimidos e sentirem-se desencorajados. Eles sabem que é vital manter o óleo do Espírito Santo em suas lâmpadas (Mateus 25).

Pastor James (esse não é seu nome verdadeiro) veio até nós, depois de uma conferência em que ensinamos sobre o casamento espiritual. Um pouco envergonhado, confessou-nos que a paixão por sua esposa crescia, sempre que eles adoravam juntos em casa. Eles sabiam que a oração e a adoração alimentavam o coração deles, permitindo-lhes dar a sua vida pela igreja. Eles amavam adorar a Deus juntos na privacidade da sua casa e queriam andar em pureza. Mas ambos estavam preocupados com a ideia de que se tornando amorosos durante o culto em casa, estariam de alguma forma desonrando ou desagradando a Deus.

Claro que não! Sem dúvida, a adoração nunca deve ser usada como uma ferramenta para promover o sexo. No entanto, Deus *se deleita* em nossa admiração um pelo outro no casamento, mesmo na hora do sexo. Ele quer que você tenha paixão por seu cônjuge. Isso não macula a paixão que temos por ele. Na verdade, curtir um ao outro no casamento *aumenta* nossa intimidade com Deus.

Esse pode ser um bom momento para você deixar este livro um pouco de lado e pegar *a* sua Bíblia. Abra-a em

Cântico dos Cânticos. Leia-o com os seus olhos e o coração abertos para ouvir a paixão e o amor inspirados pelo amante de sua alma.

O que é a santidade?

O que exatamente é santidade? Vamos começar a responder a essa pergunta aprendendo mais sobre o que significa ser santo.

Várias vezes no livro de Levítico, Deus diz: "sejam santos, porque eu sou santo" (11.44). Como podem esposas e maridos serem santos? É encorajador lembrar que este é o mesmo Deus que disse "Haja luz", e, pela sua palavra, isso se tornou uma realidade. O comando para ser santo implica uma expectativa de Deus, mas também na expectativa de que sua palavra fará isso acontecer. Jesus é a "Palavra" (João 1.14), por meio da qual o decreto de santidade do Pai pode ser cumprido.

Ser santo é ser separado do comum e desapegado do profano. Para sermos santos, devemos conhecer Deus e unir nossa vida a ele. Isso é o que Moisés fez na sarça ardente (Êxodo 3) e o sumo sacerdote fazia isso uma vez por ano, entrando no Santo dos Santos, no tabernáculo (Levítico 16). É o que podemos fazer ao receber o Espírito Santo de Deus e entrar em sua presença por intermédio da adoração. O Espírito nos conecta ao caminho da santidade, ele que é perfeito em bondade e justiça. Tornamo-nos santos pela influência do caráter e do amor de Deus e pela transformação do interior de nosso coração. Podemos, sim tornarmo-nos gente santa e dedicada a Deus.

O que é a pureza?

"A conduta do inocente é reta" (Provérbios 21.8). Ser puro implica um comportamento puro, sem culpa, inocente. A pureza é o fluxo natural de um coração que busca a santidade, uma coisa não vive sem a outra, mas caminham juntas. Davi escreveu: "Quem poderá subir o monte do SENHOR? Quem poderá entrar no seu Santo Lugar? Aquele que tem as mãos limpas e o coração puro" (Salmos 24.3-4).

Por meio da transformação realizada pelo Espírito Santo de Deus, nós nos tornamos mais santos e o nosso comportamento se torna mais puro. Paulo pediu a Timóteo que demonstrasse um estilo de vida marcado pela pureza para, com isso, ser um exemplo para outros crentes (1Timóteo 4.12). Também somos chamados a viver com nosso cônjuge em uma atmosfera marcada pela pureza. Não há lugar mais agradável e satisfatório para sermos santos do que o casamento.

Diga sim a ele

O anseio de Deus por intimidade conosco é muito bem descrito em Cântico dos Cânticos. O esposo, Jesus, fala à igreja como sua noiva: "Você fez disparar o meu coração, minha irmã, minha noiva; fez disparar o meu coração com um simples olhar, com uma simples joia dos seus colares" (Cântico dos Cânticos 4.9). Imagine como uma vida cheia de obediência amorosa poderia desenvolver o íntimo romance que Jesus deseja ter com cada um de nós, já que somos parte de sua noiva. Cada movimento que fazemos em direção ao amante de nossa alma fortalece o vínculo do amor. Toda vez que dizemos sim a ele, seu terno coração é tomado de alegria.

Se vivemos em impureza, o amor de Deus por nós permanece o mesmo; no entanto, a intimidade de nosso relacionamento com ele inevitavelmente vai mudar. Essa não é uma resposta vingativa da parte de Deus, mas o resultado natural de nossos pensamentos e de nossas ações, que estão em oposição à sua santidade. Deus é totalmente santo; se quisermos estar nele e desejarmos tê-lo em nós, como Jesus declarou (João 17.21), devemos buscar sinceramente a santidade. Sem santidade, o escritor de Hebreus diz que "Ninguém verá o Senhor" (12.14). Jesus disse algo semelhante, quando afirmou que um coração puro é pré-requisito para se ver a Deus: "Bem-aventurados os puros de coração, pois verão a Deus" (Mateus 5.8).

Pelo seu sacrifício na cruz, Jesus nos salvou e nos justificou diante do Pai. Ele também continua nos tornando santos em toda a nossa conduta: "Porque, por meio de um único sacrifício, ele aperfeiçoou para sempre os que estão sendo santificados" (Hebreus 10.14). Somos guiados para a santidade por meio da presença do Espírito Santo em nós. O Espírito aplica as leis de Deus em nosso coração e as escreve em nossa mente (Hebreus 10.16).

O Espírito de Deus nos mostra o caminho que devemos seguir, da mesma forma como ele conduziu os israelitas com a nuvem durante o dia e o fogo durante a noite (Deuteronômio 1.33). Ser guiado pelo Espírito não é difícil, como muitas vezes pode parecer. A glória de Deus passando diante de nós faz o caminho dos justos plano e suave (Isaías 26.7). À medida que ampliamos e intensificamos a nossa conexão com Deus, por intermédio do Espírito Santo, experimentamos constantes transformações.

Buscando a pureza

Temos a tendência de subestimar a importância da pureza e superestimar a dificuldade para obtê-la e permanecer nela. A pureza é digna de ser buscada de modo intencional por todos os crentes. Não podemos tornar-nos santos com nossos próprios esforços. A santidade só pode ser alcançada pelo Espírito de Deus, que produz os frutos da santidade em nossa vida. No entanto, como o nosso corpo é templo que abriga a presença do Espírito Santo de Deus, somos facilmente atraídos para viver a vida piedosa que agrada a Deus. A glória do Senhor nos transforma para que sejamos mais e mais santos, porque essa é a sua natureza.

É verdadeiramente uma alegria viver de maneira pura diante do Senhor. Demonstramos o quanto valorizamos o amor de Deus por meio do esforço sincero de responder a esse amor com fidelidade e obediência. Jesus disse: "Se alguém me ama, obedecerá a minha palavra. Meu Pai o amará, nós viremos a ele e faremos morada nele" (João 14.23).

O plano de Deus para a pureza é extremamente simples, mas ao mesmo tempo sábio e perfeito. Porque "Deus é amor" (1João 4.8), recebemos seu amor por intermédio da experiência da sua presença. O amor de Deus e sua presença estão permanentemente conectados. Respondemos ao amor de Deus amando-o de volta. "Nós amamos porque ele nos amou primeiro", João escreve (1João 4.19). E como Jesus disse em João 14.23, nós demonstramos o nosso amor a Deus pela obediência voluntária. Quando amorosamente obedecemos àquele que nos chama para sermos santos (Levítico 11.45), ele nos muda para nos tornarmos mais semelhante a ele. E o que ocorre não é teologia ou semântica. Pela transformação operada por Deus, nós nos tornamos mais puros em nosso coração e santos diante dele.

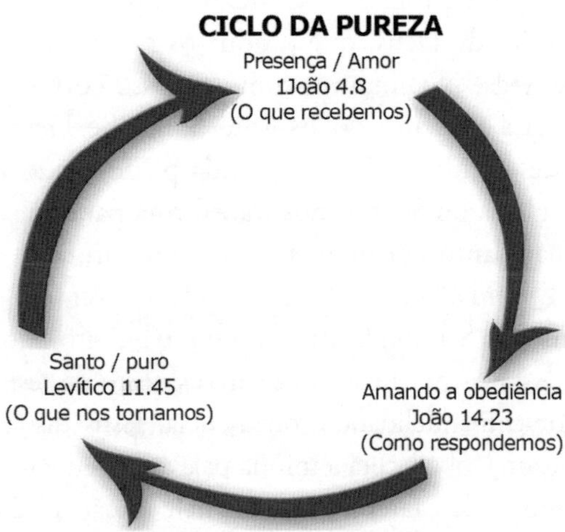

Esse ciclo de pureza pode se tornar permanente e nunca acabar. Como uma bola de neve em uma montanha, ele aumenta continuamente e cresce cada vez mais. À medida que nos tornamos santos, Deus compartilha mais livremente sua presença conosco. Correspondemos ao aumento da sua presença com mais e mais obediência sincera e consistente. Quando somos mais fiéis a Deus, ele aumenta cada vez mais o nosso nível de pureza. Nós nos tornamos santos diante do Senhor e ao mesmo tempo passamos a ser um lugar de descanso, atraindo outros para a glória manifesta do Deus Santo. A importância desse ciclo que se retroalimenta eternamente não pode se esgotar. Se estamos cumprindo os propósitos para os quais fomos criados, é essencial que nos tornemos santos para refletir seu caráter em nossa vida.

Pureza para a vida toda

A pureza diante de Deus geralmente é ensinada quando ainda somos jovens, durante os anos de namoro. Infelizmente, esse ensino é muitas vezes ignorado quando se trata da prática cotidiana. A presença do pecado sexual em qualquer idade resulta em ondas nocivas, que causam danos pessoais e relacionais que podem persistir por toda a vida. Há uma boa razão pela qual Paulo nos instrui, dizendo: "Entre vocês não deve haver nem sequer menção de imoralidade sexual como também de nenhuma espécie de impureza e de cobiça; pois essas coisas não são próprias para os santos" (Efésios 5.3). Ele também escreve para a igreja em Corinto com o aviso: "Fujam da imoralidade sexual" (1Coríntios 6.18). Essas são palavras fortes, ditas por conta dos danos causados por toda e qualquer relação sexual fora do casamento.

Certamente, a graça de Deus é suficiente para limitar os danos que acontecem na vida de pessoas que caem nesses pecados, e, "Portanto, agora já não há condenação para os que estão em Cristo Jesus" (Romanos 8.1). Ainda assim, como Davi aprendeu depois de seu pecado com Bate-Seba, a participação no pecado provoca lesões graves para os envolvidos e isso resulta em amplas consequências negativas (2Samuel 12.9-14).

Embora tenhamos o costume de relaxar a nossa atenção acerca desse assunto, após os votos de casamento, a importância da pureza completa não diminui. A conveniência e a disponibilidade da gratificação sexual com um parceiro conjugal, não alteram os padrões de egocentrismo, rebeldia e luxúria, que estiveram presentes durante anos antes do casamento. Se Satanás tiver sido bem-sucedido conduzindo um casal para o comportamento pecaminoso antes do casamento, é certo que seus esforços para destruir a vida desse casal não irão parar, simplesmente, porque os votos matrimoniais foram ditos diante de outras pessoas, mesmo quando se fala de um compromisso real.

Pureza sexual no casamento é muito mais do que evitar a ato físico de adultério. Nosso interesse sexual deve ser completamente voltado para o nosso próprio cônjuge, se quisermos caminhar na retidão e santidade diante do Senhor. Esse foco só é alcançado submetendo o controle total de nossos pensamentos, planos, atividades, opções de entretenimento e relações ao Espírito Santo. Nossa imaginação também deve estar completamente sob o senhorio de Jesus. Mesmo durante as relações sexuais dentro do casamento, nossa imaginação pode migrar para a impureza e para a maldade. Qualquer forma de impureza persistente pode destruir a estreita conexão com Deus e, eventualmente, devastar a intimidade física e emocional, tão vitais para o casamento.

Fonte da esperança

O reconhecimento de um comportamento pecaminoso pode realmente ser uma fonte de esperança. O desejo de nos tornarmos mais santos pode ser renovado, pela percepção de que ainda não atingimos a perfeição. A confissão de nossos pecados a outros, muitas vezes incluindo os nossos cônjuges, é necessária para Deus nos perdoar os pecados e nos purificar de toda a injustiça. João escreveu: "Se afirmarmos que estamos sem pecado, enganamos a nós mesmos, e a verdade não está em nós. Se confessarmos os nossos pecados, ele é fiel e justo para perdoar os nossos pecados e nos purificar de toda injustiça" (1João 1.8-9). O amor de Deus pode nos atrair para a fiel obediência, honrando o completo domínio dele sobre nossa vida.

Depois de ser confrontado por Natã, o profeta, Davi confessou seu pecado e se humilhou diante de Deus (2Samuel 12.16). Ele, mais uma vez, andou em obediência diante do Senhor, cumprindo o destino para o qual fora criado. Independentemente do que temos feito, Deus é capaz de nos transformar nos sacerdotes santos que fomos criados para ser (1Pedro 2.5). O destino de Davi não foi frustrado porque ele caiu em um momento de fraqueza. Não, Deus ainda usou todas as coisas que cooperaram para o bem, cumprindo o seu propósito na vida de Davi, inclusive estendendo a sua bênção por meio dos descendentes de Davi para nós hoje.

O casamento como um belo jardim

Como sacerdotes santos de um Deus santo, somos chamados a fazer a nossa parte na construção de um casamento santo. Dentro de cada um de nós, há uma imensa capacidade de receber e oferecer amor. Salomão compara o relacionamento conjugal e a nossa relação com Deus, a um magnífico jardim repleto de todos os prazeres imagináveis, sejam eles visuais, táteis ou olfativos.

Salomão escreveu:

> Você é um jardim fechado, minha irmã, minha noiva; você é uma nascente fechada, uma fonte selada. De você brota um pomar de romãs com frutos seletos, com flores de hena e nardo, nardo e açafrão, cálamo e canela, com todas as madeiras aromáticas, mirra e aloés e as mais finas especiarias. Você é uma fonte de jardim, um poço de águas vivas, que descem do Líbano (Cântico dos Cânticos 4.12-15).

A fonte do jardim e a água que flui do versículo 15, representam o fluxo da água viva que Jesus depois, disse que iria jorrar do nosso interior (João 7.38). Um cônjuge crente traz a mesma água viva para o jardim do casamento. Em um casamento espiritual, a presença do Deus vivo e verdadeiro se evidencia no relacionamento. A água vivificante do Espírito brota eternamente do amor perfeito de Deus. Com um suprimento sem fim de vida vertendo no jardim, o seu potencial de crescimento é ilimitado.

A água escorrendo do Líbano era deliciosamente límpida e pura. Da mesma forma, cada cônjuge em íntima comunhão com Deus traz para o casamento a pura "água a jorrar para a vida eterna" (João 4.14). Esse jardim é belo porque é constantemente abastecido com água pura para a vitalidade e o crescimento.

O casamento espiritual é muito parecido com o magnífico jardim descrito em Cântico dos Cânticos. Quando ambos os parceiros sinceramente buscam intimidade com Deus e um com o outro, a sua relação pode ser preenchida pela beleza surpreendente, advinda da presença contínua do próprio Deus. Quando eles estão em Deus e Deus está neles, seu jardim conjugal torna-se uma moderna aparição do local idílico apreciado por Adão e Eva no Jardim do Éden. Se os cônjuges realmente buscam em primeiro lugar o reino de Deus e a sua justiça, todas as coisas que são necessárias para sua vida e seu ministério em conjunto, serão dadas a eles também (Mateus 6.33).

Inocência

Não é divertido observar as expressões faciais das crianças? Elas são autênticas. Sempre conseguimos perceber quando estão felizes, tristes ou animadas. O rosto delas reflete prontamente o que estão sentindo. E existe alguma coisa mais preciosa do que o rosto de uma criança enquanto ela dorme? Às vezes, quando nossos filhos eram pequenos, íamos na ponta dos pés até seus quartos para vê-los apenas por um momento inocente, puro e doce.

No casamento espiritual, começamos a desfrutar dessa inocência com o nosso cônjuge. Podemos nos dar o luxo de sermos reais, abertos e vulneráveis, expondo o nosso coração para o nosso ser amado e o nosso Deus. Somos livres e estamos seguros para sermos exatamente quem somos sem pretensão. Isso é santidade.

Sugestões de 7 segredos

Ser santo é realmente divertido. Ser puro diante do Senhor é maravilhoso, mas isso requer atitude. Existe algo em seu passado que você deve esquecer completamente? Um relacionamento imaginário cultivado em sua mente que você deve abandonar de uma vez por todas? "Limpe a sua casa" junto com seu cônjuge, como uma celebração, honrando o Senhor.

SEGREDO 7: ROMANCE

O romance não começa apenas depois que as crianças estão na cama. Ao contrário, ele é um estilo de vida baseado na profunda intimidade do casal entre si e com Deus. O Amado da sua alma lhe ensina como ser o melhor amante para o seu cônjuge.

Alguém já disse que a variedade é o tempero da vida. Isso certamente é válido para o romance conjugal! É como fogos de artifício: algumas vezes ilumina, outras vezes explode e, ocasionalmente, nos oferece um grande espetáculo que ilumina o céu e irradia beleza. Nem todos os dias são especiais e empolgantes a ponto de soltarmos fogos, mas podemos desfrutar da alegria da celebração sempre que quisermos.

O romance não é algo que acionamos somente após as crianças estarem na cama. É, ao contrário, um estilo de vida doce e belo, baseado na intimidade profunda que temos um com o outro e com Deus. O Amado de nossa alma nos alerta sobre entendermos que nem sempre o momento pedirá fogos de artifício e velas perfumadas. Outras vezes, ele nos faz compreender que um ótimo momento para uma linda exibição de fogos de artifício, a ponto de fazermos o chão tremer e vermos cores brilhantes que nos maravilham, é chegado.

O romance é o sétimo segredo de um casamento espiritual. Isso fornecerá a você e a seu cônjuge boas lembranças por toda uma vida. Comece a lançar os fogos de artifício!

Um extremo romântico

O Senhor é incontestavelmente romântico. Logo após dar vida a Adão, Deus expressou a consciência da necessidade de o homem ter intimidade emocional e física com outra pessoa a quem ele pudesse amar. Deus disse: "Não é bom que o homem esteja só" (Gênesis 2.18). Ao formar Eva, a partir da costela de Adão, nosso Pai produziu a segunda metade, essencial para a primeira relação romântica. Esses dois indivíduos, agora unidos como um só, tornaram-se o protótipo original para todos os romances e casamentos, que iriam surgir dali em diante.

O cenário para essa relação de amor era idílico: um homem e uma mulher em um ambiente natural magnífico, cercados pelo amor perfeito de Deus. Ele passeava com eles no frescor do dia. Ninguém, desde então, teve o mesmo tipo de relacionamento com o Pai, exceto o próprio Jesus. Não havia ainda nenhum pecado que pudesse separá-los de Deus. Eles se sentiam bem na presença de Deus, porque foram criados para estar ali. Também estavam nus "e não sentiam vergonha" (Gênesis 2.25), totalmente familiarizados um com o outro e intimamente ligados àquele que lhes provia tudo de que precisavam.

Entrega

O desejo de Deus é que você submeta voluntariamente todos os aspectos da sua vida a ele, o amante perfeito da sua alma. No casamento, você expressa essa submissão toda vez que entrega seu coração, sua vontade ou seu corpo ao seu cônjuge. No casamento espiritual, ceder às necessidades e aos desejos do cônjuge, é algo que ocorre regularmente. Isso é conduzido pelo Espírito de Cristo e feito por reverência a ele. Por essa razão, Paulo, no contexto do casamento, escreveu: "Sujeitem-se uns aos outros, por temor a Cristo" (Efésios 5.21). Por acaso, isso o faz se lembrar do primeiro dos sete segredos?

Se devemos nos submeter completamente ao senhorio de Jesus, é necessário submetermos completamente, também, o corpo a ele. Geralmente, isso é ensinado aos jovens, aos homens e às mulheres durante os anos de namoro, na esperança de que eles permaneçam puros em suas relações físicas. Contudo, o domínio do corpo não é menos significativo após o casamento. Durante cada fase da vida, seu corpo deve ser destinado ao Senhor (1Coríntios 6.13). Quando você tem a capacidade de ouvir o que o Espírito fala e obedece consistentemente ao que escuta dele, você fará com o seu corpo as coisas que mais honram e glorificam a Deus. Ele conduzirá a sua vida de forma a abençoar seu cônjuge por intermédio do romance e da intimidade sexual.

Seu corpo não é seu. Ele pertence a Deus. Paulo escreveu aos coríntios, em sua primeira carta: "Acaso não sabem que o corpo de vocês é santuário do Espírito Santo que habita em vocês, que lhes foi dado por Deus, e que vocês não são de vocês mesmos? Vocês foram comprados por alto preço. Portanto, glorifiquem a Deus com o seu próprio corpo" (1Coríntios 6.19-20). Não só o seu corpo pertence a Deus, mas ele o deu a seu cônjuge. Na verdade, Paulo continua falando sobre isso mais tarde, na mesma carta, dando algumas dicas de sabedoria para o casamento. Ele disse:

> "O marido deve cumprir os seus deveres conjugais para com a sua mulher, e da mesma forma a mulher para com o seu marido. A mulher não tem autoridade sobre o seu próprio corpo, mas sim o marido. Da mesma forma, o marido não tem autoridade sobre o seu próprio corpo, mas sim a mulher. Não se recusem um ao outro, exceto por mútuo consentimento e durante certo tempo, para se dedicarem à oração" (1Coríntios 7.3-5).

Deus usa o seu corpo como uma poderosa ferramenta pela qual o amor de ambos, o dele e o seu, pode ser maravilhosamente demonstrado ao seu cônjuge. Mesmo o amor que você acha que é seu originou-se dentro do coração de Deus. No casamento espiritual, o amor perfeito do Pai flui do marido para a esposa e da esposa para o marido, sem restrições ou interrupções.

O amor puro e santo de Deus é o fluxo eterno, a fonte da vida e a fonte suprema de tudo o que é necessário para estabelecer e manter a unidade espiritual, emocional e física no casamento. Uma maneira como o amor é demonstrado se dá pela intimidade sexual. Mas, antes de entrar na intimidade sexual, é importante discutir sobre a necessidade de intimidade emocional. Antes que um cônjuge se sinta conectado de maneira sexual, há uma grande necessidade de se conectar em um nível emocional e romântico.

Romance diário

Os eventos românticos mais importantes que levam ao sucesso da relação sexual, são aqueles que ocorrem horas, dias ou mesmo anos antes. Essas são as experiências que estabelecem proximidade e conexão entre o casal. Elas são indispensáveis na manutenção da intimidade emocional a longo prazo.

Um casamento que dá espaço diário ao romance estará bem equipado para prosseguir de maneira tranquila para a intimidade sexual. No entanto, um casamento baseado apenas no sexo torna-se frágil na construção de uma relação amorosa e confiante a longo prazo. Essa é uma das razões pelas quais Deus nos ordena a nos abster do sexo antes do casamento. Embora todos os aspectos da sexualidade tornem-se livremente disponíveis para os cônjuges no casamento, as formas não sexuais de romance continuam a ser extremamente importantes e realmente muito divertidas!

A chave para um romance diário efetivo orienta que cada cônjuge expresse de forma honesta e consistente o amor para com o outro de maneira que possa ser aceito. O amor comunicado deve ser altruísta (*ágape*) e ao longo da vida (*phileo*). Expressões diárias de amor podem incentivar uma esposa à intimidade sexual. No entanto, o propósito primário dos gestos românticos regulares é transmitir amor, aceitação e interesse genuíno no cumprimento das necessidades do cônjuge. Não deve ser intencionado ou percebido como manipulação de qualquer tipo. A manipulação é perigosa e até mortal, para o romance.

Você geralmente expressa pensamentos calorosos a seu cônjuge? Palavras que trazem a unidade e aumentam a intimidade? Alguns dos sentimentos que expressamos são:

"Eu gosto de você."
"Eu te amo."
"Eu curto você."
"Eu me importo com você."
"Eu te desejo."
"Você é muito especial pra mim."

Esses pensamentos podem ser transmitidos de várias maneiras. Independentemente dos meios, a comunicação deles transmite as mensagens de amor e ternura, que são cruciais para a intimidade emocional e física de um casamento.

É essencial ser carinhoso e flertar com seu cônjuge de forma constante, não só quando você está com vontade de fazer sexo. É especialmente bom para o marido planejar com antecedência que suas expressões românticas para a esposa não tenham a exclusiva proposta de preparar o ato sexual, mas uma real demonstração de amor, carinho e consideração por sua mulher.

Dicas para romance

Permita-nos compartilhar algumas dicas que descobrimos serem divertidas e que podem melhorar um romance:

• Fique fisicamente perto do seu cônjuge, sempre que possível.

• Diga palavras honestas e elogiosas sobre o seu cônjuge aos outros. Faça isso na presença dele ou na ausência.

• Deus ama quando você tem um coração agradecido e seu cônjuge também. Expresse frequentemente gratidão, tanto pelas coisas grandes quanto pelas pequenas.

• Quando separados em meio a uma multidão, reconheça sempre a presença do outro usando contato visual e um sorriso, uma breve comunicação verbal ou mesmo enviando um rápido beijo, sem contato físico.

• Faça ligações telefônicas rápidas para seu cônjuge durante o trabalho, apenas o tempo suficiente para dizer: "Eu te amo", ou " Estou com saudade".

• Mensagens de texto amorosas e criativas podem ser extremamente divertidas. Seja ousado, mas seja sábio.

• Escreva bilhetes de amor e os coloque na bolsa que seu cônjuge leva diariamente para o trabalho. A surpresa da descoberta dessas mensagens enche o coração da pessoa amada.

• Envie cartões com palavras como "Obrigado" ou "Eu te amo" para ser entregues em casa ou no trabalho.

• Envie flores ou leve para casa pequenos presentes, entregues sem motivo ou data especial. Isso comunica quão especial o seu cônjuge é para você.

• Brinquem com jogos românticos, juntos.

• Lembre-se constantemente de alguma diversão passada ou experiência romântica de vocês. Riam juntos.

• Planeje uma viagem com seu cônjuge para um destino-surpresa, comemorando um grande aniversário ou outro evento especial. A extravagância da viagem não é o ponto. O crucial é demonstrar amor no planejamento e na intenção.

• Ligue com frequência. Seja criativo. Seja divertido!

• Andar de mãos dadas também é agradável. Você pode fazê-lo quase que em qualquer lugar, sem restrições ou constrangimentos.

• Comam chocolate juntos. É estimulante e delicioso.

• Façam exercícios com regularidade, mesmo que seja uma simples caminhada, enquanto colocam a conversa em dia.

• Sempre que possível, façam refeições juntos. É muito útil deixar a televisão e o telefone desligados. Comente sobre eventos significativos do dia e tente ouvir pelo menos tanto quanto você fala.

• Estabeleça uma rotina para dormir e siga-a sempre que for possível. Gostamos de nos abraçar no sofá toda noite, enquanto lemos a Bíblia um para o outro. Então oramos juntos pelo período de tempo que conseguirmos, antes de adormecer.

• A cada noite, por meio de palavras e toques, expresse amor pelo outro uma última vez antes de dormir.

Lembrando-se de que você é um com o outro e um com Deus, você descansará em paz durante a noite.

Por que não ser bom?

Bondade e gentileza são fundamentais para manter o ambiente romântico de um relacionamento íntimo. Toda palavra que é falada, pode ser envelopada no amor *ágape*. Tente fazer isso. Você vai gostar.

Saber como se relacionar com seu cônjuge não é difícil. Jesus condensou a mensagem de toda a Escritura em uma frase que comumente nos referimos como "A regra de ouro". Ele disse: "Assim, em tudo, façam aos outros o que vocês querem que eles façam a vocês; pois esta é a Lei e os Profetas" (Mateus 7.12). Essa instrução simples pode transformar a forma como esposa e marido se relacionam. Quando você trata seu amado do jeito que gostaria de ser tratada, o ambiente romântico e sexual do seu casamento melhora significativamente.

Nada é mais romântico do que procurar fazer coisas que abençoam a pessoa que você ama. Se você tem ouvidos, ouça o que o Espírito diz (Apocalipse 3.22), Deus o guiará para saber onde, quando e como mostrar melhor o amor a seu cônjuge. E, quem sabe, você possa desfrutar de alguns "fogos de artifício" fabulosos ao longo do caminho?

Uma ótima relação sexual

Deus se alegra muito com a nossa sexualidade. Na verdade, isso foi ideia dele desde o início. O Senhor se agrada quando o sexo nos gera prazer. Ele quer que você experimente o amor que está além da satisfação. Deus quer que o sexo seja bastante prazeroso!

Provérbios 30 se refere à intimidade sexual como algo que pode não ser totalmente compreendido. Agur escreveu: "Há três coisas misteriosas demais para mim, quatro que não consigo entender: o caminho do abutre no céu, o caminho da serpente sobre a rocha, o caminho do navio em alto-mar e o caminho do homem com uma moça" (Provérbios 30.18-19). Concordamos com Agur. Sexo desfrutado dentro da aliança do casamento deve ser incrível, belo e de tirar o fôlego.

Tal como acontece com outras áreas do casamento espiritual, é fundamental não nos contentarmos com a mediocridade no amor. Deus criou o nosso corpo para desfrutarmos de nossa sexualidade de formas que estão além da descrição. Às vezes, pode ser absolutamente surpreendente. Não aceite um "muito bom" como o objetivo final para sua intimidade sexual. Faça o esforço para otimizar esse aspecto tão prazeroso do casamento. Deus não coloca limites na felicidade que pode ser experimentada em conjunto durante nossos encontros sexuais, algo como os fogos de artifício no Réveillon. Passe toda a vida com seu cônjuge buscando as melhores maneiras para desfrutar desse presente indescritivelmente delicioso do céu.

Sempre, sim sempre

O Espírito Santo deseja ser útil em todos os aspectos da vida, incluindo os encontros sexuais de seu casamento. No

Antigo Testamento, Deus disse a Josué: "Ninguém conseguirá resistir a você, todos os dias da sua vida. Assim como estive com Moisés, estarei com você; nunca o deixarei, nunca o abandonarei" (Josué 1.5). O evangelho de Mateus termina com Jesus encorajando seus discípulos com as palavras "eu estarei sempre com vocês, até o fim dos tempos" (Mateus 28.20).

Deus retira a sua santa presença durante os momentos em que você e seu cônjuge estão fazendo sexo? Não! Quando você e seu cônjuge estão namorando, ele está junto com vocês (Mateus 18.20). A presença de Deus não é menos real durante o ato sexual do que em qualquer outro momento da sua vida. Lembre-se, ele criou o sexo. Ele adora quando amamos um ao outro também dessa maneira.

Liberdade, mesmo que para dizer não

Onde está o Espírito do Senhor, ali há liberdade (2Coríntios 3.17). Para alcançar os mais altos níveis de expressão sexual, você e seu cônjuge devem ser livres. Deus permite que vocês sejam extravagantes amantes íntimos. Existem limites para a liberdade sexual? Claro que sim. Você é obrigado a fazer tudo o que o seu cônjuge deseja? Não, você não é.

Há momentos em que você e seu cônjuge terão diferentes opiniões sobre o que é desejável e agradável dentro do domínio da relação sexual. É crucial dizer não a uma atividade que pode ser desconfortável, desagradável ou possivelmente imprudente. Nessas instâncias, é útil negar-se de uma maneira que deixe a esperança de tentar outras ideias criativas no futuro. Quando a resistência a qualquer atividade sexual por parte de seu cônjuge for percebida, é vital que seja interrompida ou evitada até o momento em que a receptividade seja estabelecida.

Considere uma criança pequena sendo incentivada por seu pai a saltar para um mergulho na piscina, enquanto ele a espera. Se essa criança for forçada a saltar, contra a vontade dela, pode ficar ferida emocionalmente, além de muito insegura. O salto deve ser feito voluntariamente, levando a criança a desfrutar de tudo de uma forma maravilhosa e como recreação, não pressão. Da mesma forma, cada cônjuge deve convencer o outro a descobrir novas maneiras de relaxar e se divertirem juntos, mas nunca deve empurrar o outro, forçando-o a qualquer tipo de intimidade física.

Alegrando o seu cônjuge

A relação sexual dentro do casamento tem muitos propósitos, incluindo procriação, expressão de amor, demonstração física de unidade, prazer compartilhado mutuamente, liberação emocional, alívio do estresse, bem como a satisfação física. Cada um desses propósitos é otimizado quando seu principal objetivo na relação sexual é que você e seu cônjuge gozem plenamente de tudo o que é feito. Isso é consistente com a palavra de Paulo em Filipenses 2.3-4, onde ele escreveu: "Nada façam por ambição egoísta ou por vaidade, mas humildemente considerem os outros superiores a si mesmos. Cada um cuide, não somente dos seus interesses, mas também dos interesses dos outros." O altruísmo mútuo é a chave para a realização sexual plena.

Um desafio frequente ao altruísmo é quando marido e esposa têm desejos diferentes quanto à frequência sexual. É raro quando as opiniões dos cônjuges nessa área são iguais, embora eles se tornem mais próximos depois de uma década ou duas de casamento. A base dessa discrepância não é tanto psicológica, mas física. Muitas vezes, embora nem sempre, o marido deseja ter relações sexuais com maior frequência.

Os maridos são, em geral, bastante previsíveis. Após um orgasmo, é típico que a libido de um homem diminua acentuadamente e, em seguida, lentamente, aumente novamente nos próximos três a cinco dias. Esse padrão é tão comum e previsível que levou ao estabelecimento de leis conjugais. Por exemplo, existe uma lei atualmente em efeito no Afeganistão que permite que os maridos exijam sexo com suas esposas a cada quatro dias.[1] O fato de uma lei existir demonstra claramente que o momento do pico de interesse no sexo, geralmente, é bastante diferente nos homens, em comparação com as mulheres.

A variação da libido nas mulheres é mais difícil de prever do que nos homens. Ela tende a ser muito mais complexa e muitas vezes está relacionada às mudanças hormonais do ciclo menstrual. Pode ser muito difícil, particularmente durante os primeiros anos de casamento, para um

1 Esta lei estava vigente a partir de 6/1/14 por Wikipedia: http://en.wikipedia.org/wiki/Shia_Family_Law. Veja também o artigo da BBC datado de 16/08/09: http://news.bbc.co.uk/2/ Oi / 8204207.stm.

marido ou uma esposa entenderem os desejos e as necessidades sexuais um do outro. É extremamente útil para cada um reconhecer que no outro um certo padrão de interesse sexual é incorporado por Deus com sabedoria e propósito. Embora os picos de desejo nem sempre combinem, eles devem ser tratados com gentileza, paciência e amor, tanto pelo cônjuge que possui mais alta frequência, quanto pelo de menor frequência.

O momento certo pode fazer toda a diferença para motivar uma mulher a responder e desfrutar plenamente do sexo. A paciência é um dos frutos do Espírito que Deus coloca em nosso coração (Gálatas 5.22), e da mesma forma a sabedoria é dada diretamente a nós por Deus (Provérbios 1.6). Quando um homem é paciente, permitindo que a sabedoria lhe diga quando e como buscar intimidade com sua esposa, os resultados são além do esperado. No setor imobiliário costuma-se dizer que as três coisas mais importantes são localização, localização e localização. Além da presença de verdadeiro amor *ágape* em um casamento, os três fatores mais críticos para uma satisfação sexual compartilhada são: tempo, tempo e tempo.

Em um determinado dia, um homem pode ser amoroso enquanto a esposa dele não é. Isso não significa que sua libido esteja inapropriadamente alta nem que a dela esteja inadequada. Da mesma forma, é normal que em alguns dias a mulher possa estar mais interessada em sexo do que seu marido. Alguma assimetria nos desejos sexuais dos parceiros está quase sempre presente. Trabalhar para superar essa diferença pode parecer, às vezes, um desafio insuperável. Na verdade, Deus projetou as libidos sexuais de homens e mulheres com perfeita sabedoria e propósito. Essa diferença entre esposas e maridos lhes apresenta uma oportunidade tremenda para mostrar amor, adaptando-se às necessidades do outro.

Sexo satisfatório

Paulo escreve: "...quero que sejam sábios em relação ao que é bom, e sem malícia em relação ao que é mau" (Romanos 16.19). É de vital importância sermos sábios ao longo da vida sobre as melhores maneiras de experimentar a intimidade física. A sexualidade dentro do casamento é criada por Deus e deve ser fantástica. Pelo sexo, você pode participar na criação de uma nova vida, guardar lembranças por intermédio do compartilhar de amor um para com o outro e fortalecer a união conjugal livremente, recebendo um intenso prazer. Ser bom em uma relação sexual requer aprendizado para agradar ao seu cônjuge com alegria e pureza de coração. É sábio ser bom em coisas que realmente importam.

Embora bastante importantes, as relações sexuais não são o foco primário dos casamentos mais saudáveis. Há situações em que a intimidade física é impossível, ainda que a união conjugal permaneça forte. Ainda assim, para a maioria dos casais, um nível de satisfação comum com intimidade física é sensível e um importante indicador para o bem-estar de sua relação como um todo. Ambos devem ficar satisfeitos com o fato de suas necessidades sexuais serem adequadamente satisfeitas, ao mesmo tempo que ambos experimentam grande alegria, sabendo que seu cônjuge está sexualmente feliz.

É importante que você se comunique regularmente com o seu cônjuge em relação ao seu nível de satisfação sexual. A satisfação decrescente, como qualquer aspecto do casamento, é mais bem discutida quando percebida pela primeira vez e logo compartilhada. Você é uma pessoa abençoada quando encontra sabedoria e compreensão (Provérbios 3.13), ambas são fornecidas por Deus. Sabedoria permite que você identifique problemas, enquanto o entendimento ensina como lidar com eles. Quando a origem da dificuldade é descoberta e curada, os dois se beneficiam do relacionamento conjugal.

O sexo satisfatório proporciona força e estabilidade notáveis para o casamento. Isso ajuda os parceiros a manter a pureza, permanecerem fiéis a Deus e a conservar seus votos matrimoniais de fidelidade. Há muitos caminhos para uma intimidade física gratificante. Tenha coragem! O amor sexual deve ser cheio de descobertas.

Dicas sensuais

Aqui estão algumas dicas para o pensamento e o comportamento sensual para que seu cônjuge se sinta amado e desejado. Enquanto você os lê, deixe-os inflamar a sua imaginação. Sugerimos que você implemente alguns deles em breve, se possível ainda esta noite.

• Não leve o ato sexual muito a sério. Divirta-se e aja naturalmente. Aproveite plenamente o seu amigo mais íntimo. Isso é brincar, não trabalhar!

• Vá para a cama junto e acorde na mesma hora, se possível. Torne isso a mais normal e a mais desejada rotina.

• Compre belas roupas íntimas e as use. (E, sim, jogue fora as antigas.)

• Preste atenção à higiene pessoal.

• Lembre-se sempre dos bons momentos sexuais, particularmente especiais, juntos, enquanto você busca a criação de novas e valiosas memórias para o futuro.

• Influencie e sugira, mas nunca force seu cônjuge à intimidade.

• O flerte visual é divertido, mesmo em meio à multidão. Sinta cada olhar do outro como um olhar prolongado, de quem claramente conhece os seus pensamentos.

• Toque um no outro com frequência. Gradualmente, acelere a intimidade dos toques quando alguma resposta receptiva for notada.

• Não tenha pressa. Aproveite o seu tempo e todo o processo.

• Faça perguntas como "Isso faz você se sentir bem?" ou "O que faria você se sentir ainda melhor?"

• Evite manter apenas a rotina. Variedade realmente é o tempero da vida. Use a criatividade dada por Deus para variar o tempo, a localização e o ambiente da relação sexual.

• Ocasionalmente, tente novas posições e novas formas de agradar ao outro.

• Diga não quando necessário, mas sempre com amor e esperança. Dessa forma, seu cônjuge não estará desligando sua criatividade para futuras intimidades.

• Surpreenda seu parceiro de vez em quando com algo completamente inesperado.

• Descubra uma nova maneira de desfrutar do excelente ambiente externo.

• Nunca tenha medo do ridículo. Você pode perder a oportunidade de experimentar algo realmente divertido.

• Nenhum problema com a timidez, mas tenha certeza de que seus desejos são conhecidos. Quando você sente vontade de fazer sexo, comunique isso de uma maneira que seu cônjuge entenda. Não permita que seu parceiro perca a oportunidade de desfrutar de você.

À medida que você experimenta a relação sexual, concentre-se nas necessidades e nos desejos do seu cônjuge como sendo sua prioridade. Há dias em que um de vocês pode ter muito ou pouco desejo sexual. Em dias de pouco desejo, compartilhe o amor de maneiras alternativas com mais conversa, com menos toque sexual, com ações positivas e passando tempo juntos. Paciência e autocontrole são frutos do Espírito. Ambas as qualidades são de grande valor na busca da intimidade sexual. Deus irá fornecer essas virtudes àqueles que são sábios o suficiente para pedi-las. Elas guiarão você a uma melhor compreensão do momento, do lugar e das formas ideais para desfrutar do sexo em seu casamento.

Se você quer saber o que é agradável para o seu cônjuge, apenas pergunte. Mas lembre-se, pode ser difícil para ele responder a uma pergunta tão direta. É sempre uma boa ideia perguntar ao Espírito Santo, o que fazer em qualquer situação. Deus lhe deu a capacidade para ouvir o que o Espírito está lhe dizendo sobre o seu casamento e a melhor forma de desfrutar da intimidade sexual. Tudo o que você precisa fazer é perguntar e escutar. Ele dirá exatamente o que você precisa saber. Uau! Ele realmente é o Deus onisciente!

Momentos de romantismo

Jantares românticos são ótimos! Gostamos de agradar um ao outro cozinhando alguns pratos deliciosos e criativos. Mas, embora isso seja bem legal, nós realmente gostamos de sair e ir a um bom restaurante. Às vezes, Dan me surpreende quando me leva para comer algo sobre o qual comentei durante a semana; em outros momentos, eu mesmo escolho um lugar especial para irmos juntos. Independentemente de quem toma a iniciativa, temos um delicioso momento desfrutando da companhia um do outro. Depois, damos um passeio por lugares agradáveis e calmos, fazendo do nosso encontro um momento ainda mais magnífico. Cada local agradável, cada flor, cada beleza que observamos e cada cor que deleita nossos sentidos torna esses encontros memoráveis. Nesses momentos, celebre e aproveite. O jogo sexual é uma celebração romântica. É uma maneira gloriosa de aproveitar a vida abundante do casamento espiritual. Jogue com frequência. Jogue com entusiasmo. Jogue com paixão. Jogue com alegria!

Sugestões de 7 segredos

Pegue uma toalha de mesa, uma cesta de piquenique cheia de petiscos e frutas e seu cônjuge. Faça com ele uma simples refeição, e se divirtam lembrando das fases da vida pelas quais já passaram ou dos anseios que possuem na vida conjugal. Essas memórias certamente irão incitá-la a querer mais.

HOMEM + MULHER + ESPÍRITO SANTO = CASAMENTO ESPIRITUAL

Havia um menino de três anos de idade na classe bíblica infantil a quem Linda ensinou por um ano. A Semana Santa da Páscoa havia chegado e uma grande caça ao ovo de Páscoa foi idealizada para todas as crianças participarem. Cada uma das crianças encantou-se por correr pela grande área gramada procurando ovos. Mas um pequeno garotinho fez algo muito incomum. Ele deixou de pegar quaisquer ovos que não fossem da cor azul, e, por isso, sua cesta estava cheio de ovos dessa cor. Quando perguntado sobre essa maneira curiosa de coletar os ovos, ele simplesmente respondeu: "Minha cor favorita é azul."

Essa história nos lembra uma outra, relatada em Mateus 13.44: "O Reino dos céus é como um tesouro escondido num campo. Certo homem, tendo-o encontrado, escondeu-o de novo e, então, cheio de alegria, foi, vendeu tudo o que tinha e comprou aquele campo." Os tesouros escondidos que Deus tem para nós, seus filhos, são muitos. Mas, queridos leitores, nós queremos lhes dizer que esse casamento espiritual é um dos tesouros mais especiais que ele nos deu. Não seja influenciado por ovos de uma cor diferente. Venda tudo o que você tem e compre esse campo!

O casamento espiritual não é o sonho impossível nem uma estrela inacessível. Não é reservado para uns poucos afortunados. Ele é um tesouro do Reino, disponível a todos os que Deus chama para o sagrado matrimônio. Esse tipo celestial de relacionamento conjugal não está apenas disponível para outra pessoa. O casamento espiritual está disponível para você.

Os 7 segredos liberados

Os 7 segredos – senhorio, paixão, presença, poder, transformação, santidade e romance – podem ser usados para abençoar casamentos, mesmo quando esses estão limitados ao domínio natural. Sim, você pode ter um bom casamento por meio de seu próprio compromisso e esforço. Mas bom não é o melhor. Você e seu cônjuge foram criados para muito mais. O casamento especial, aquele que surpreende o casal com satisfação plena de alegria, apenas pode ser experimentado no Reino espiritual. O Espírito Santo é o catalisador que libera todos os 7 segredos, para a expressão mais completa possível desse relacionamento conjugal. Somente o Espírito de Deus pode levá-lo aonde você realmente quer ir.

O casamento pelo qual você anseia, o casamento espiritual com o qual sonha, não será experimentado se você se apegar à sabedoria e às maneiras deste mundo. Deus começou um bom trabalho em você e ele o levará até a conclusão (Filipenses 1.6). Deus é um ser espiritual cujo poder é demonstrado em seu reino espiritual: "[Ele] realiza maravilhas que não se pode perscrutar, milagres incontáveis" (Jó 9.10).

O casamento espiritual é um dos milagres mais magníficos de Deus. Nele, ele combina carne e espírito, natural e sobrenatural, o amante perfeito e o perfeitamente amado. Nada é retido e nada é deixado de fora. A glória do Criador é vista no que ele gloriosamente criou. É um tesouro do Reino que transcende as fronteiras das nações e as limitações deste mundo. As variações culturais não alteram as verdades eternas de Deus e a Palavra de Deus. Sua presença, paixão e poder estão disponíveis para todo cônjuge em todas as civilizações da terra. Casamento espiritual é preenchido com a glória do céu em Pequim, tal como está em Roma, Nairóbi, Dallas, Paris, Berlim e Rio de Janeiro.

A chave

O casamento espiritual é um tesouro que foi escondido para você encontrar. A chave para o cofre do tesouro foi colocada em suas mãos. Os 7 segredos foram revelados. Você está disposto a usar a chave e colocar os segredos em ação?

Jesus nos chama a sermos como crianças (Mateus 18.3). Parte dessa mudança é aceitar o valor da inocência. Precisamos ser apenas simples o suficiente para acreditar que Deus fará o que ele diz. Ele verdadeiramente irá prover tudo de que você precisa para a sua vida e devoção (2Pedro 1.3). Você confia que ele quer fazer isso? Você acredita que ele pode?

Você sonhou em ter um casamento maravilhoso. E anseia para ver a glória de seu plano perfeito em sua vida. O próprio Deus colocou esse desejo dentro de você. Somente o Espírito Santo pode impulsionar seu casamento para o lugar que você e ele desejam. O tesouro secreto de Deus certamente está sendo revelado no dia de hoje e espera ser descoberto. Vocês estão prontos para descobrir? "As coisas encobertas pertencem ao SENHOR, ao nosso Deus, mas as reveladas pertencem a nós e aos nossos filhos para sempre" (Deuteronômio 29.29)

Rio poderoso

Anos atrás, Dan teve um sonho que ajudou a definir tanto nosso casamento, quanto nosso ministério. O sonho consistia em uma cena curta e cheia de ação, na qual estávamos flutuando em um rio grande e bonito, rindo e espirrando água sem esforço, que nos levava para onde o rio podia ir. Com alegria, convidamos cada pessoa que estava de pé na margem para saltar no rio, juntando-se a nós em nossa viagem feliz e exuberante.

Há algo no refrescante rio do Espírito de Deus que você não quer? Essa é a fonte constante de tudo o que precisamos. Esse rio de Deus flui com a sabedoria do céu, paz transcendente e amor, trazendo completa satisfação. O Espírito Santo é a fonte de uma vida abundante para todos os que estão dispostos a permitir que esse poderoso rio os leve a seu destino.

Se o desejo do seu coração é satisfazer plenamente o plano de Deus para o seu casamento, você deve mergulhar nesse rio. Só é possível experimentar a intimidade verdadeira que Deus planejou para o casamento, por meio da comunhão íntima com aquele que o criou. Nós o convidamos, com paixão e alegria em nosso coração, a se juntar a nós na vida surpreendente de intimidade com o Espírito, que leva ao casamento espiritual.

Sugestões de 7 segredos

Você e seu casamento podem ser abençoados para sempre no eterno e sobrenatural reino do céu. Peça a Deus que reposicione você e seu casamento, permitindo-lhe colocar ambos no centro desse poderoso rio, que flui com o seu amor perfeito. Você nunca vai se arrepender de mergulhar nele!

COMO VIVER CASADO QUANDO HÁ JUGO DESIGUAL

APÊNDICE

Recentemente, passamos uma noite conversando e orando com uma mulher que, aqui, vamos chamar de Laura. Por anos, ela tem se dedicado como uma fiel e obediente seguidora de Jesus Cristo. Sua fé em Deus é real, e seu amor por ele é profundo. Laura é uma crente séria e madura.

A principal frustração de sua vida, porém, é que seu marido é um cristão nominal, que se contenta em permanecer do jeito que é. Ele gosta da companhia de Laura e se ressente do tempo que ela passa afastada dele, durante sua participação em cultos, estudos bíblicos, oração e ministério. A parte mais importante e agradável da vida de Laura é o tempo em que ela se dedica a Deus. Porém ela não pode expressar isso ao esposo, pois ele se sentiria decepcionado e, até mesmo, irritado.

Há muito tempo, os poderes das trevas ergueram um muro espiritual entre Laura e o marido. Esses dois indivíduos são uma só carne no casamento, mas veem a vida a partir das perspectivas de dois reinos distintos. Laura e o esposo mantêm divergentes crenças sobre o que é, em última análise, o valor verdadeiro da vida deles. Uma vez que o muro entre eles se tornou tão espesso, parece impenetrável o compartilhar de emoções saudáveis ou a comunicação do amor.

Laura estava extremamente desanimada e quase a ponto de perder toda a esperança, quanto ao futuro de seu casamento. Nem ela nem o marido tinham qualquer compromisso com o relacionamento. Eles não tinham vontade de se separar e seu amor um pelo outro era inquestionavelmente real. No entanto, nenhum deles estava satisfeito com a qualidade do relacionamento conjugal. As coisas entre eles tinham estado um tanto fora de equilíbrio durante anos e não havia nenhum indício no horizonte, de que alguma melhora fosse possível.

Laura veio falar conosco sobre suas lutas conjugais. Ela não veio até nós pedindo conselho humano, mas buscando revelação divina. Apenas a sabedoria sobrenatural de um Deus santo pode fornecer soluções para problemas, aparentemente insuperáveis. A presença do Santo Espírito na vida de um só cônjuge, permite que essa relação seja atingida pelo sobrenatural agir do Senhor. Compatível com a glória do Senhor, o improvável se torna provável e o impossível se torna possível.

Há muitas pessoas como Laura, de ambos os sexos, que experimentam uma desconexão desconfortável com seu cônjuge, sobre assuntos espirituais. O grau de separação causada por isso é variado, mas é sempre dolorosamente significativo. Até mesmo quando ambos os cônjuges estão solidamente comprometidos com Deus, Satanás usa a divisão espiritual, como uma arma para atacar relações individuais com Deus e minar a estabilidade da aliança de casamento em si. Se esse ataque não for combatido com a verdade, o amor e o poder de Deus, os resultados podem ser devastadores.

Honramos as "Lauras" do mundo que demonstram coragem, integridade e força no compromisso de manter o curso, embora com jugo desigual, de seu casamento. Muitas vezes, parece mais fácil simplesmente sair, mas eles continuam no relacionamento com seu cônjuge, por causa de seu desejo de honrar a Deus. Às vezes, a esperança mal parece real; no entanto, ela permanece, porque eles acreditam em um Deus imutável e na verdade e bondade de seu plano. Eles não desistem porque sabem que "para Deus todas as coisas são possíveis" (Mateus 19.26).

Se você estiver na mesma situação que Laura, por favor, permita-nos compartilhar algumas dicas práticas sobre as lutas de seu casamento. Deus compartilha com alegria sua sabedoria e seu conhecimento com aqueles que desejam aprender. Com a sabedoria e o conhecimento de Deus, você pode ver seu casamento prosperar. Você será abençoada quando encontrar sabedoria e ganhar a compreensão, pois esses recursos são mais rentáveis do que a prata e se obtém com eles melhores rendimentos do que o ouro (Provérbios 3.13-14). Por intermédio desse conhecimento, sua vida será cheia "do que é precioso e agradável"

(Provérbios 24.4). Porque você provou a doce bondade de Deus, há "futuro para você, e a sua esperança não vai decepcioná-lo" (Provérbios 24.14).

> Pois o SENHOR é quem dá sabedoria; de sua boca procedem o conhecimento e o discernimento. Ele reserva a sensatez para o justo; como um escudo protege quem anda com integridade, pois guarda a vereda do justo e protege o caminho de seus fiéis. (Provérbios 2.6-8)

Dicas práticas

A seguir, listamos algumas das coisas que Deus trouxe para nossa mente, durante a noite em que conversamos e oramos com Laura:

- Assim como você, seu cônjuge foi criado à imagem de Deus. Existem habilidades e atributos colocados em seu cônjuge que fazem parte da vontade soberana de Deus. Essas coisas são dignas de respeito. Então honre seu cônjuge sempre que isso não desonrar a Deus.
- Deixe a paz de Cristo habitar em seu coração e tenha gratidão (Cl 3.15). Honestamente expresse gratidão, sempre que possível, para com o seu cônjuge e pelas coisas que ele faz.
- Deus tem um plano maravilhoso para você, e ele tem um plano especial e incrível para o seu casamento também.

• Jesus amou seu cônjuge o suficiente para morrer por ele.

• Você pode aprender a sobrenaturalmente amar (*ágape*) seu cônjuge, mesmo que esse tipo de amor não pareça ser merecido. Jesus disse que devemos amar mesmo os nossos inimigos (Mateus 5.44).

• O seu comportamento amoroso não deve ser dependente da resposta recebida do cônjuge. Jesus nos amou primeiro enquanto éramos totalmente indignos. Ele morreu por nós sabendo que iríamos nos comportar de maneira ímpia (Romanos 5.6). "Nós amamos porque ele nos amou primeiro" (1João 4.19).

• O tipo de amor que Deus requer não pode vir de dentro de você ou ser fabricado por sua própria vontade. Peça revelação de Deus a respeito de como amar o seu cônjuge. O amor espiritual por uma pessoa não se baseia em quem ela é agora. Ele é acionado espiritualmente, visualizando quem essa pessoa foi criada para ser.

• Aceite as instruções do Espírito Santo e obedeça a elas quanto à forma de demonstrar amor ao seu cônjuge. Não rejeite qualquer coisa que lhe for dito para fazer, pelo Espírito de Deus. Os caminhos de Deus muitas vezes não fazem sentido para nossa limitada compreensão, mas quando somos obedientes, eles sempre produzem resultados maravilhosos.

• Não se comprometa aceitando um resultado medíocre. Siga buscando todos os aspectos do casamento espiritual disponíveis para você e seu cônjuge.

• Não desanime por causa de suas circunstâncias atuais. Onde você está hoje, não limita aonde Deus pode levá-lo no futuro.

• Uma transformação miraculosa pode acontecer de repente. Então, esteja esperando o impossível acontecer a qualquer momento.

• A esperança não vai decepcioná-lo (Romanos 5.5). Deus colocou esperança em seu coração para lhe dar alegria, força e fidelidade, que rompem sobre a armadilha do desencorajamento de Satanás. Não subestime a importância do seu papel na realização do plano de Deus. O cumprimento da esperança é catalisado pelo amor de Deus fluindo através de você. Esse amor intenso a abençoará, assim como toda a sua família.

• Nunca há uma desculpa aceitável para palavras ou ações destinadas a causar dor. Coisas inapropriadas ditas ou feitas pelo seu cônjuge não justificam retaliação. Somos instruídos a abençoar mesmo aqueles que nos perseguem: "Abençoem aqueles que os perseguem; abençoem-nos, e não os amaldiçoem" (Romanos 12.14).

• Em 2Timóteo 2.23-24, a Bíblia nos instrui: "Evite as controvérsias tolas e fúteis, pois você sabe que acabam em brigas. Ao servo do Senhor não convém brigar, mas, sim, ser amável para com todos, apto para ensinar, paciente." Isso inclui o seu cônjuge. Discussões não podem continuar se o fruto do Espírito está presente em seu coração e em sua mente, sendo expresso em suas palavras. Peça a Deus que lhe dê mais do fruto da luz, para que seja produzido e evidente em sua vida.

• Evite pensamentos críticos acerca do seu cônjuge. Leve cativo todo pensamento à obediência a Cristo (2Coríntios 10.5). "Tudo o que é nobre" e "o que é admirável... pensem nessas coisas" (Filipenses 4.8).

• Quão grande é seu Deus? Desistir da esperança indica uma crença de que seu relacionamento conjugal é muito deficiente, até mesmo para Deus poder curar. Você realmente acredita em suas promessas? Confie que Deus proverá tudo do que você precisa para viver (2Pedro 1.3).

• Sinceramente, peça ajuda a Deus. Em seguida, faça tudo o que ele lhe mostrar com a sabedoria, a paciência, a mansidão e a bondade que ele fornece. Demonstrar com a própria vida o fruto do Espírito não é apenas a descrição da sua tarefa como cristão; é o que você está destinada a ser.

• Independentemente das respostas do seu cônjuge, a vida justa não é em vão. O comportamento piedoso irá ajuntar tesouros nos céus para você (Mateus 6.20), e você poderá santificar um cônjuge descrente (1Coríntios 7.14).

• Jesus veio para nos possibilitar ter a vida ao máximo (João 10.10). Vida abundante em que você atrai o seu cônjuge para a Fonte da Vida.

Chave para a vida abundante

A chave para a vida abundante é a verdadeira intimidade com Deus. Quanto mais profundamente você estiver no amor com ele, tanto mais genuinamente vai poder amar o seu cônjuge. O amor perfeito de Deus é, em última análise, a fonte de tudo que é necessário para criar e sustentar um casamento espiritual. Você não deve perder a esperança, porque nada pode separá-lo desse amor eterno (Romanos 8.35). Então, o amor de Deus é tudo de que você precisa.

Seu anelo por um casamento espiritual não é um desejo egoísta. Isso é um reconhecimento de como as coisas devem ser. Você deve ser confiante de que o plano de Deus para você é completamente bom (Jeremias 29.11). A Palavra do Senhor é a verdade (João 17.17) e cada uma das suas promessas será cumprida (Josué 23.14).

Oramos para que você seja abençoada enquanto lê as palavras desta passagem de Isaías 61. Deus as escreveu para você. De fato, elas foram escritas a seu respeito.

> O Espírito do Soberano, o SENHOR, está sobre mim, porque o SENHOR ungiu-me para levar boas notícias aos pobres. Enviou-me para cuidar dos que estão com o coração quebrantado, anunciar liberdade aos cativos e libertação das trevas aos prisioneiros, para proclamar o ano da bondade do SENHOR e o dia da vingança do nosso Deus; para consolar todos os que andam tristes e dar a todos os que choram em Sião uma bela coroa em vez de cinzas, o óleo da alegria em vez de pranto e um manto de louvor em vez de espírito deprimido. Eles serão chamados carvalhos de justiça, plantio

do SENHOR, para manifestação da sua glória. Eles reconstruirão as velhas ruínas e restaurarão os antigos escombros; renovarão as cidades arruinadas que têm sido devastadas de geração em geração. Gente de fora vai pastorear os rebanhos de vocês; estrangeiros trabalharão em seus campos e vinhas. Mas vocês serão chamados sacerdotes do SENHOR, ministros do nosso Deus. Vocês se alimentarão das riquezas das nações, e do que era o orgulho delas vocês se orgulharão. Em lugar da vergonha que sofreu, o meu povo receberá porção dupla e, em vez de humilhação, ele se regozijará em sua herança; pois herdará porção dupla em sua terra, e terá alegria eterna. (Is 61.1-7)

SOBRE OS AUTORES

Dr. Dan e Linda Wilson são missionários que trabalham em prol do casamento. Eles têm prazer em viajar pelo mundo abençoando casamentos e compartilhando sobre Jesus Cristo. Levando a sério o chamado que receberam de Deus para amparar as viúvas e as crianças, eles estão envolvidos com vários orfanatos e projetos missionários ao redor do mundo. Dan e Linda são cofundadores de Casamento Espiritual e Missões, uma organização missionária cristã criada para incentivar a intimidade do casamento guiado pelo Espírito, por meio de conferências, ensinamentos, livros e aconselhamento pessoal. Eles têm dois filhos, cada um desfrutando de seu próprio casamento espiritual e quatro lindos netos. Os Wilson residem em Fort Worth, Texas.

Dan e Linda Wilson ficariam felizes em receber quaisquer comentários que você possa ter, acerca de *7 Segredos de um casamento espiritual* ou do ministério que eles exercem. Eles não fazem aconselhamentos pessoais via e-mail. No entanto, você pode contatá-los pelo site www.supernaturalmarriage.org

Este livro foi impresso em Novembro de 2018,
pela Geográfica Editora.
Composto nas tipologias
Adobe Garamond Pro e Helvetica LT Std.
O papel do miolo é Alta Alvura 75g/m2
e o da capa é Couche fosco 150g.